『道徳教育』PLUS

中学校 道徳
「特別の教科 道徳」の
通知表文例320
NG文例ガイド付

田沼茂紀 編著

はじめに

　2018年度４月より小学校を皮切りに，中学校でも2019年度４月より「特別の教科　道徳」＝道徳科の授業が始まりました。「特別の」という冠はあるものの，従前の「道徳の時間」とは一線を画す教科教育型の道徳科がスタートしたのです。そして案の定と言うべきか，然るべくしてと言うべきか，全国の小・中学校で学校種を超えて指導に対するとまどいとその学習評価を進めることへのためらいと不安が交錯して少なからぬ混乱状況にあることはまぎれもない事実となっています。

　道徳の時間が「特別の教科」である道徳科へ移行・転換したことで混乱している背景には，これまで自由に選択できた道徳教材が道徳教科書によって縛りがかけられたこと，道徳科の指導に伴う学習評価が導入されたこと，この２点が主因とされていることのもつ意味は少なくありません。学校の教育課程に位置づけられた各教科であれば当然のこととなっている，教科書を用いた指導とその成果としての学習評価による生徒の道徳学びの見取りに対して，教師側が自作自演で狂騒劇を演じているのです。つまり，これまで指導をしたらその教育的営みと表裏一体的なものとして進めてきた学習評価を，道徳科についても同じように実施してよいのかというためらいと，その手法を巡る困惑とで足踏み状態となっているというのが昨今の道徳科事情です。

　確かに，各教科と同様に道徳科の学習評価をしてよいはずがありません。中学校学習指導要領にも，「生徒の学習状況や道徳性に係る成長の様子を継続的に把握し，指導に生かすよう努める必要がある。ただし，数値などによる評価は行わないものとする」と明記されています。ならば，「どう生徒の道徳学びを見取ったり，どう道徳的に成長したことを見取ったりすればよいのか」「道徳的成長といっても，姿形があるわけでもないから見取りようがないではないか」等々の不安やとまどいが生ずるのは致し方ないことなのです。ならば，学習評価はしないですまされるのか。そんなことは決して許されるはずもありません。学習指導をした以上，その学びを見取ることは「指導と評価の一体化」という視点からすれば当然のことなのです。「道徳科の指導も，道徳科学習評価も自信がない。いや，一体どうやって道徳科を進めたらよいのやら皆目見当もつかない」とおなげきの中学校教師にとっての福音書となることが本書の意図するところです。

　本書では，「評価の前に指導あり，指導の結果としての評価あり」をモットーに，道徳科学習評価を展開するための指導の進め方，生徒の道徳学びを引き出して高めていくための効果的な在り方について実践経験豊富な執筆者がわかりやすく解説しています。本書は，読者に道徳科指導と道徳科学習評価への自信をお届けします。ご期待ください。

田沼　茂紀

目 次

はじめに

1章
「特別の教科 道徳」の評価

1 「特別の教科 道徳」学習評価の考え方	……8
2 道徳教育と道徳科授業及び1時間の評価	……10
3 生徒のパフォーマンスに着目した学習評価	……12
4 パフォーマンス・データの収集・活用で進める評価	……14
5 道徳科学習評価を生かした授業改善の視点	……16
6 通知表と指導要録の違いを踏まえた道徳科学習評価	……18

2章
「特別の教科 道徳」の
所見の書き方のポイント

1 所見の構成要素	……22
2 所見の組み立て方	……26
3 所見作成時の留意事項	……30

3章

「特別の教科 道徳」の
通知表記入文例 ＮＧ文例付

記入文例の考え方・見方・使い方 ……36

A－(1)　自主，自律，自由と責任 ……38

A－(2)　節度，節制 ……42

A－(3)　向上心，個性の伸長 ……46

A－(4)　希望と勇気，克己と強い意志 ……50

A－(5)　真理の探究，創造 ……54

B－(6)　思いやり，感謝 ……58

B－(7)　礼儀 ……62

B－(8)　友情，信頼 ……66

B－(9)　相互理解，寛容 ……70

C－(10)　遵法精神，公徳心 ……74

C－(11)　公正，公平，社会正義 ……78

C－(12)　社会参画，公共の精神 ……82

C－(13)　勤労 ……86

C－(14)　家族愛，家庭生活の充実 ……90

C－(15)　よりよい学校生活，集団生活の充実 ……94

C－(16)　郷土の伝統と文化の尊重，郷土を愛する態度 ……98

C－(17)　我が国の伝統と文化の尊重，国を愛する態度 ……102

C－(18)　国際理解，国際貢献 ……106

D－(19)　生命の尊さ ……110

D－(20)　自然愛護 ……114

D－(21)　感動，畏敬の念 ……118

D－(22)　よりよく生きる喜び ……122

1章

「特別の教科　道徳」の評価

1

「特別の教科　道徳」学習評価の考え方

求められているのは，「道徳学びに対する評価」である

　「道徳の時間」から「特別の教科　道徳」＝道徳科に移行・転換して一番大きく変化したこと，それは何なのでしょうか。一言で言えば，道徳科という教科になったことです。教科ですから，当然その指導には道徳教科書がありますし，その教科書による道徳科指導を実施した成果として「学習評価」が明確に求められるようになったことです。

　ただ，評価は学習指導要領にも明記されている通り，「生徒の学習状況や道徳性に係る成長の様子を継続的に把握し，指導に生かす」ために行うことを目的としたものであり，「数値などによる評価は行わないものとする」といった性質の学習評価なのです。つまり，生徒の道徳性の高まりを他者と比較してランクづけしたり，ラベリングしたりするような評価ではなく，生徒一人一人が道徳科授業で「道徳的諸価値についての理解を基に，自己を見つめ，物事を広い視野から多面的・多角的に考え，人間としての生き方についての考えを深める学習」をどのように行ってきたのかを肯定的に個人内評価していくことが目的の学習評価なのです。

　いわば，道徳科で求められている学習評価は，そこでの個としての学びのよさを肯定し，さらなる道徳的成長を促すことを意図する「道徳学びに対する評価」なのです。

生徒の道徳学び評価は授業を改善する原動力である

　道徳科学習評価といった表現をすると，教師側からの「生徒の道徳学び評価」といった一面的な印象をもたれるかもしれません。しかし，それは裏返すと「教師の道徳科指導評価」でもあります。子供たちの道徳学びの成果は，教師が道徳科でどのような指導をした結果なのかという授業力の是非に関わる問題でもあるからです。その点で，生徒の道徳学び評価は教師の道徳科指導評価そのものであり，新たな授業改善に取り組むための原動力となるものです。

　道徳科指導評価のための視点は，道徳科の目標と重ね合わせて以下のように捉えられます。
①生徒は，道徳的諸価値の理解を基に自己を見つめ，人間としての生き方を考えていたか
②生徒は，広い視野から多面的・多角的に道徳的価値を自分事として捉えていたか
③道徳的価値理解のための指導は，生徒の実態や発達の段階，個別的配慮を踏まえていたか

道徳科の基本的な考え方を踏まえて評価する

　道徳科での学習評価は言うまでもなく，生徒が自らの成長を実感しつつさらなる成長への課題や目標に気づいてその実現を図ろうとする意欲を喚起するために行うものです。ですから，そのための道徳科授業は生徒自身が自ら学びたい，自ら高まるためには眼前のこんな課題を乗り越え，こんな風に生きたいという見通しが明確にもてるような授業でなくてはなりません。その点で，特定の価値観を押しつけるような授業，教師主導の授業では生徒の道徳学びを見取るような学習評価にはなり得ないのです。

　生徒自身が自らの内面に道徳性を培っていくような授業，生徒の道徳学びが傍目からパフォーマンス評価として見取ることができるような可視化された道徳科授業とは，一体どのようなものなのでしょうか。キーワードを箇条書きで示せば，以下のような３点があげられます。

①生徒が主体的に学ぶ授業→生徒が自らの解決すべき必然的な道徳的課題であること
②自ら最適解を見出す授業→他者と共有し合える共通解や自分自身の納得解がもてること
③多様な視点から考える授業→多様な価値観にふれて思わず自問せざるを得ないこと

道徳科学習評価を通して生徒の道徳性を培いたい

　道徳科における学習評価の意義は，生徒側と教師側の２点あると思います。まず１点目の意義は，生徒の視点に立って考えるなら，個々が自分の生き方のよさに気づいたり，道徳学びでの自己成長を実感したりできることです。次に２点目の意義ですが，教師の視点で考えるなら，指導で意図した目標の実現性はどうであったのかと指導計画の視点から省察したり，教材や指導方法についての改善方策を分析したりすることで道徳科の充実に資することです。ただ，生徒の側での学習評価であれ，教師の側での指導評価であれ，そのベクトルの先にあるのは生徒の望ましい道徳性形成であることを忘れてはならないのです。

　道徳科における学習評価は，通知表や指導要録に指導した証拠を記すために行うのではありません。道徳科授業を通じて生徒一人一人がどのような道徳学びを実現し，どのように自らの道徳性を高めていったのかを見取り，生徒に知らせることで認め励まし，さらなる道徳的成長を促すためのものであることを肝に銘じておきたいものです。

　多くの学校では道徳科の学習評価に対しネガティブに捉える声も少なくありません。「生徒の内面的資質としての道徳性など推し量りようがない」とか「道徳科で評価をするのは結局は生徒の良心に対する差別化である」といった道徳科の本質を違えた学習評価観を振りかざして真摯な道徳科学習評価への取り組みを回避するようなことがあれば，自らの大切な生き方学びを進めようとする生徒が一番被害を受けることを忘れてはならないと考えます。　　（田沼　茂紀）

2

道徳教育と道徳科授業及び１時間の評価

道徳教育の要の時間として道徳科を意味づける

　道徳教育と道徳科との関係性については中学校学習指導要領「総則」に示されている通りで，「学校における道徳教育は，特別の教科である道徳（以下「道徳科」という。）を要として学校の教育活動全体を通じて行うものであり，道徳科はもとより，各教科，総合的な学習の時間及び特別活動のそれぞれの特質に応じて，生徒の発達の段階を考慮して，適切な指導を行うこと」となっています。つまり，生徒一人一人の人格形成にとって不可欠な道徳性の培いは，学校の全教育活動を通じて行う道徳教育と，年間35時間の道徳科授業として実施する道徳教育とが車の両輪のように機能して効果的な指導がなされるのです。その点から，道徳性の培いは学校教育の全てにおいて取り組まなければならないものであることを理解していただけると思います。特に，道徳科は学校における道徳教育全ての「要」としての役割を果たすことから，皮相的な形式的指導ではすまされません。意図的・計画的・発展的に生徒一人一人の日常的道徳生活経験を教材によって補充し，教材中の道徳的追体験を共有しながら協同思考で道徳的価値についての理解と自覚を深化させ，切実なる自分事として個の内面で整理・統合することが求められるのです。このように様々な教育活動を通じての道徳教育を束ねる扇の要としての役割を担う道徳科での道徳学びは，生徒一人一人の道徳性形成の屋台骨でもあります。そこで培った道徳的な実践力は，様々な教育活動を通じての道徳学びへと敷衍されていきます。

道徳科で学習評価をする意味は生き方支援である

　道徳科の学習評価については，取り組む前から先入観でかまえてしまう教師も少なくありません。しかし，道徳科は生徒一人一人の生き方学びを支援したり，よりよく生きたいと願う気持ちに寄り添って後押ししたりするための，人格形成や人間としての在り方や生き方促進を目的とした方向的目標設定の授業です。ですから，決して特定の価値観を押しつけるような学習評価を意図しているものではありません。あらかじめ設定した各目標に照らして生徒の道徳学びを査定するといった管見的な思い込みを捨て去り，個々の生き方支援として後押しするような肯定的個人内評価への意識転換を期待します。

道徳科授業では学び評価のポイントを明確にしておく

　道徳科における生徒の道徳学びは，他教科での学びと本質的に違うわけではありません。学習内容獲得型の他教科での学びと，人間としてのよりよい在り方を協同思考で追求する生き方探求型学習となる道徳科での学びは，目標設定としての差違はあっても，そこで展開される理解力・スキル，思考力，判断力，表現力，学習志向意欲・態度等については同じです。ですから，道徳科での学習評価を推進するためには生徒の学びによる成長や今後の発展的学びにつながる学び方のよさをしっかりと毎時間の授業の中で見取っていく必要があるのです。

　このような生徒個々の道徳学びの成果を見取ること，生徒自身の今後の道徳的成長につながる授業への関わり方やその意欲といった学び方のよさが道徳科学習評価における大切な視点となってくることに留意すべきです。道徳性についての評価は1時間の授業で推し量ることなど到底かないませんし，それを推し量るには，専門知識や方法論的な手立てが必要です。しかし，学習指導要領で求められている道徳科の学習評価は個の道徳性発達を実現することに寄与するであろう道徳学びの状況を個人内評価として肯定的に受け止め，認め励ますところまでです。

　あまり形式ばらず，本時のどの学習場面でどう生徒のよさを見取るのかというポイントをあらかじめ決めておき，その実現が可能となるような授業実践をすることが大切です。

道徳科でも資質・能力形成の観点をしっかりともって評価する

　道徳科とて生徒の視点に立つなら，それは様々な学びが得られる点で他教科同様の学びの時間です。そこで問われるのは，教師がどのような指導意図をもって授業構想し，どのような道徳的資質・能力形成を生徒一人一人に期待しているのかということです。それは取りも直さず，道徳科における道徳学びの見取り評価の観点そのものであるわけです。

　つまり，教師は道徳性を高めるために道徳的資質・能力形成を意図して授業展開するのですから，その指導によってどのような力が生徒に育ったのか，その根拠となるエビデンスは何であるとするのかをあらかじめ設定しておく必要があるということです。いわば，道徳学習を推進するための指導の観点が事前に明確化されることで，それは同時進行的に道徳科学習評価を展開するための見取り観点としての役割も果たすことになるわけです。各教科では，「指導と評価の一体化」の大切さが繰り返し強調されます。明確な観点を定めて指導をするからこそ，その指導成果として道徳学びの見取りを可能にする生徒のパフォーマンスが見て取れるという当たり前の理屈です。道徳科にあっても，「指導と評価の一体化」による道徳的資質・能力形成は必須です。生徒にどんな道徳学びを期待するのか，それをどう見取って次の学びへと発展させるのかという明確な観点設定こそが道徳科指導の肝です。

（田沼　茂紀）

3

生徒のパフォーマンスに着目した学習評価

道徳科学習評価の手がかりは生徒のパフォーマンスである

　道徳科での学習評価といった時，教師が混乱するのは「評価の観点」という考え方です。例えば，2016年7月に示された道徳教育に係る評価等の在り方に関する専門家会議による報告「『特別の教科　道徳』の指導方法・評価等について」の5「道徳科における評価の在り方」では，学習状況を分析的に捉える観点別評価というのは，人格そのものに働きかけ道徳性を養うことを目的とする道徳科の評価としては妥当ではないと述べられ，それが少なからぬ誤解をまねいて学校現場に混乱を巻き起こしているように感じます。

　報告書で指摘するのは，目標到達度的に教師があらかじめ設定したゴールに対して生徒がどこまで到達できたのかを問うような各教科における観点別評価への危惧であって，生徒が自らの道徳学びをどう具体的なパフォーマンスによって展開したのかという，個人内評価記述に値するような学習への関わり方という視点からの評価を期待しているわけです。生徒が自己との関わりの中でどう多面的・多角的に道徳的価値理解を深めているかを一人一人の成長過程として評価するためには，生徒の学習パフォーマンスを道徳的資質・能力形成という観点で見取ることの必然性は言を俟ちません。道徳科では，生徒の学習状況や成長の様子といった「観点」に基づいて評価活動を行うべきである点にあらためて留意する必要があります。

生徒のパフォーマンスの先にある道徳的成長を丁寧に見取る

　道徳科における生徒一人一人の学び方には，それぞれの個性に応じたパフォーマンスがあります。当然，パフォーマンスに長けたA君がいれば，みんなの前で自分を語ることが苦手なBさんもいるわけです。それを単に発言回数やその出来映え等で相対的に評価してしまうと，Bさんはたとえがんばって発言したとしてもその道徳的成長をあまり評価されず，A君はその卓越したパフォーマンスによって道徳的成長が見られたように評価されてしまいます。

　A君はA君のパフォーマンスの中でどのような道徳的成長が見られたのか，BさんはBさんらしいパフォーマンスをする中でどのような道徳的成長が見られたのかを，個別的な視点から丁寧に学習評価していく姿勢が不可欠であることにあらためて留意すべきです。

生徒のパフォーマンスから具体的な学びを解釈する

　道徳科における学習評価は，生徒の道徳学びのよい点や成長，進歩した状況等を積極的に認め励まし，学習したことの意義や学びの価値を実感できるようにすることで，さらなる意欲の向上や道徳的成長を促すところに目的があります。

　よって，その個人内評価を積極的に展開するために，その学びの意欲や学んだ成果，一定期間内の道徳的成長等を見取る前提となるのは，道徳科の学習過程で生徒が発現させたパフォーマンスです。そんな個のパフォーマンス内容を分析したり，解釈して意味づけたりして個人内評価することで，個としての道徳学びのよさや成長を垣間見ることが可能となります。

　そのパフォーマンス評価を可能とするには生徒がパフォーマンスを発現できる，生徒のパフォーマンスが明確に見て取れ，把握できるような道徳科授業でなくてはならないのです。

パフォーマンスの背景にある個の学びのよさを認め励ます

　繰り返すまでもなく，生徒の道徳科学習評価はあくまでも他者との比較ではない個人内評価です。ですから，個としての道徳学びに着目し，それを継続的に見取ることが必要なのです。その際，挙手や発言回数，道徳ノートやワークシートに書いた文章の多少といった生徒のパフォーマンス量に惑わされないようにする必要があります。生徒の道徳学びの質がどれだけ高まり，その延長線上に個の変容が垣間見られたという根拠に基づく学習評価が大切であるということです。

　ただ，教室には様々な生徒が存在します。自分の意思や考えを表に出すこと苦手で，まったく挙手や発言をしない生徒がいます。文章記述や文章表現が苦手で，自分の思いや考えを綴れない生徒がいます。しかし，他者の発言に耳を傾けて聞き入っていたり，頷きながら考え迷っていたりといった生徒の学びの姿は日常的によく目にする光景です。そんな生徒一人一人の個別的な道徳学びのスタイルにも着目し，それを肯定的評価として見取る手立ても講じていかなくてはなりません。ですから，一度限りの授業評価ではなく，継続的にその学び内容や学び方の変容を見取れるような手立てを講じていくことがとても大切です。

　継続的な見取り評価は，道徳ノート記述や発言内容メモからでも容易に可能です。学期当初には自分の思ったことや感想をそのまま書いたり発言したりしていた生徒が，授業回数を重ねていく中で他者の考えも参考にして自分の道徳的なものの見方・感じ方・考え方を綴れるようになります。また，思いつくままに発言していた生徒が教材中の登場人物の言動を比較したり，そこでの道徳的行為を吟味して自分の発言に取り入れるようになったりと，一定スパンで生徒個々の学びを見取っていくと少なからぬ道徳的変容の姿が見えてきます。　　　　　　（田沼　茂紀）

4

パフォーマンス・データの
収集・活用で進める評価

多様な評価方法で生徒のパフォーマンスを見取る

　道徳科における生徒一人一人の学習状況の深まり方や道徳的成長に関わる変容を教師が的確に受け止めていくためには，まず多様な評価方法を駆使してそのパフォーマンスを見取り，一定期間での継続的なポートフォリオ評価をすることが必要です。

　では，様々に評価する方法としては，どのような手立てが可能なのでしょうか。基本的には，日々の多忙な業務の中でやりきれることがまず前提であると思います。少し整理してポートフォリオ評価が可能な方法を具体的に示してみたいと思います。

《ポートフォリオ評価のための手立て》
◆学習過程でのパフォーマンス評価
・授業時における学習状況の観察　　・授業時における発言メモやエピソードの評価
・道徳ノートやワークシート記述内容の確認　　・生徒自身による自己評価や相互評価
◆事後におけるパフォーマンス評価
・発言や観察メモ，エピソードの分析評価
・道徳ノートやワークシート，授業アンケート等の分析評価
・面接による聞き取り評価（例えば，給食，清掃時等で意図的に問いかける）

　生徒も，教師も，日頃は多忙な学校生活を過ごしています。そんな中で週1回の道徳科での生徒の道徳学びを一人一人丁寧に見取っていくことは，実際的に不可能です。ならば，どうするのかという現実的課題が残ってしまいます。道徳科の学習評価は生徒自身が自らの成長に気づいたり，もっと意欲的に取り組んだりするためのきっかけを引き出していくところが重要です。その点で，個々の生徒の視点に立ったパフォーマンス評価として継続的に見取っていくことに大きな意味があるわけです。ともすると，教師としては学級の生徒全てを同時に見取っていく必要があると思い込んでしまいがちですが，決してそんなことはありません。多様な評価方法を駆使することで，いろいろな視点から個の道徳学びは必ず浮き彫りにされてきます。

学習評価データの収集と整理で継続的に個の学びを見取る

　前項では，多様な評価方法によって生徒のパフォーマンスをキャッチすることの大切さとその具体的な手立てについて述べてきましたが，それだけで生徒一人一人の道徳学びを客観的かつ継続的に見取っていくことは難しいと考えられます。なぜなら，パフォーマンス評価では個としての学びの姿を垣間見ることはできますが，それが評価対象となる生徒の道徳学び全体を意味するわけではありませんし，道徳的成長を明確に裏づける根拠とはならないからです。道徳科の学習評価で問われるのは，生徒にとって自らの成長につながる努力や学び方のよさ等を個人内評価として肯定的に見取ってもらうことで，成長実感をもてたり，道徳学びの意欲喚起ができたりする点です。そこに評価される意味があるわけですから，それが断片的な情報や一面的な視点からの情報に基づくものであったとするなら，生徒は自己成長につながる生き方学びの学習として道徳科を意識することなどできないはずです。ならば，どうするのかということになりますが，それはやはり量的な評価ではなく，質的な評価が問われるということになります。ですから，同一の評価方法で全ての生徒の学び状況を見取るといった手立てより，多様な評価方法を駆使してそこで特徴づけられた個としての学びのよさ，成長につながる生き方のよさを見逃さずにポートフォリオ評価として記録にとどめ残した方が，きっと生徒はより具体的で，より切実感の伴う「自分事評価」として実感できるに違いありません。道徳科学習評価を促進するためには，生徒一人一人の個性的な学び方を的確にキャッチできるような多様な手法を併用することが重要です。そして，そこで豊富に収集した評価情報を質的にどうであるかと適宜整理し，それを有効な情報として意味づけることで道徳的成長へとつながるような，意図的で，計画的で，発展的な指導へと授業改善を心がけてほしいと思います。

何のためのパフォーマンス評価なのかを考えて見取る

　道徳科の学習評価が意味することとは，生徒自身が自分との関わりでどう道徳的価値を理解しようとしたか，どう自分の日常的道徳生活と関連づけて考えることができたか，どう自分の自己成長を感じ取ることができたかといった自らの内面に秘めている成長可能性に気づき，それをより高めようとする意志力をもてるようにすることです。

　道徳科の学習評価で目指すのは，自分が自分のよさに気づき，それを大切により高めようと前向きに努力することを促す生徒一人一人の自己成長への支援ということになろうと考えます。そのためにどうしても欠かせない生徒自身の道徳学びを見取ろうとすると，やはりそこには生徒自身のパフォーマンスが不可欠です。誰が何のために，どんな目的で生徒のパフォーマンスを見取るのか，その明確な意図をもって臨むのはとても重要です。　　　　　　　（田沼　茂紀）

5

道徳科学習評価を生かした授業改善の視点

「主体的な学び」の視点から授業改善を進める

　生徒一人一人にとって，道徳科はどのような意味をもつものなのでしょうか。道徳科での学習評価を積極的に展開することに，はたしてどのような教育的意図があるのでしょうか。つまり，「はじめに評価ありき」ではそこから何も育ってはこないということです。道徳の時間が「特別の教科　道徳」になったからとか，教科書も使用されて学習評価もしなければならなくなったから……といった，いわゆる「ねばならぬ」的な道徳科学習評価観が横行するなら，より実効性の伴う道徳科への転換を目的とした道徳教育改革が頓挫してしまうことにもなりかねません。また，各学年の内容項目ごとにそれが達成できたのかを評価する等は言語道断です。道徳科授業は，生徒自身のための生き方学びの時間です。そして，その学習評価は，そこでの学びを積極的に認め励ます教育支援的なサポートです。ですから，「生徒一人一人の生き方のよさとしての主体的な道徳学び」を積極的に肯定することを第一に考えなければならないのです。そして，それを実現しようとすると生徒自身の道徳学びをどう引き出すのか，どう授業改善すれば生徒一人一人が道徳科学習での主人公になれるのかという方略が生まれてきます。

「対話的な学び」の視点から授業改善を進める

　生徒の道徳学びを考えた時，そのベースとなるものは何なのでしょうか。キーワードでずばり表すなら，それは「対話」です。他者と話すことで自分とは異なる考え方にふれたり，自分では思いもつかなかったものの見方に遭遇したり，自分と同じような考え方に巡り会って安堵したりと，対話はこの視点を多面的・多角的に拡げてくれます。しかし，「対話」が学びに発展するには他者対話よりも，むしろ自分との対話＝「自己内対話」が重要です。日常的道徳生活の中で自らの価値観を修正したり，更新したりといった価値観形成プロセスを冷静に振り返ってみると，そこには自己内対話による「自分自身への気づき」があるはずです。自分が切実感をもって考えをあらためなければならないと思えたり，このような考え方こそ大切なのだと心底気づいたりする時，自らの道徳的価値観は一気に高まってきます。このような，自己内対話を積極的に促すような授業改善の視点を大切にしたいものです。

「深い学び」の視点から授業改善を進める

　生徒の視点に立った時，深く学んでいると実感できるのはどんな学習場面なのでしょうか。
　「忘我」という言葉があります。一つのことに熱中してその世界以外が見えなくなるような状況です。こんな学びの世界を生徒一人一人に少しでももたせることができたなら，その授業は大成功です。
　道徳科授業は，新たな知識を獲得することを目的とした内容的目標設定の学習ではありません。道徳科授業は，一人の人間としてのよりよい在り方や生き方を探し求めて自らを見つめ，道徳的価値を見つめ，自分自身のこれからの生き方を見つめる場です。そのような視点から道徳科授業を問い直すと，「ただ頭でわかっていることを言うだけ」「自分とはまったく関係のない絵空事」といった無味乾燥なものとはならないはずです。なぜなら，自分のよりよい在り方や生き方について無関心な人間など一人としていないからです。人間は誰しも，よりよく生きることを希求してやまない存在です。今日よりも明日，明日よりも明後日と，自らの在り方や生き方を本能的に高めようと望んでやまない存在です。それが白々しい道徳科授業となっているとしたら，その原因は間違いなくその指導の在り方にあるということです。
　「生徒一人一人のものの見方・感じ方・考え方を大切にして……」と言いながら，教師の意図したレールに生徒を追い込んだ授業になっていませんか。そこから学び評価は生まれません。

育成する資質・能力の視点から授業改善を進める

　よく耳にするのは，「道徳科は他教科と違うから価値に気づけばそれでいい」「道徳科で資質・能力を育てるなんて必要ない」といった，一方的かつ管見的な学力観です。はたして，そうなのでしょうか。道徳科を通して生徒に培う道徳的資質・能力というのは必要ないのでしょうか。積極的に育てようとする姿勢をもたなくてもよいのでしょうか。道徳科とて他教科同様に生徒にとっては大切な学びの時間です。ならば，道徳的資質・能力形成は必然なはずです。１時間の道徳学びを通して，生徒はそれぞれに新たな知識や道徳的実践に向けて必要なスキルを身につけたり，道徳的問題について自らの思考・判断・表現を積極的に展開したりします。また，自分自身の生き方ですから今を生き，これからも生きていく自分の姿を思い描きながらよりよく生きようとする学びに向かう意欲や姿勢を明確に示してきます。そのような生徒自身の生き方学びを支える諸能力こそ，道徳的資質・能力であると思います。それらの道徳的資質・能力は授業の中で意図的に位置づけなければ育たないものです。これからの時代の道徳科授業では，生徒の未来へとつながる道徳的資質・能力を積極的に育む必要があります。

(田沼　茂紀)

6 通知表と指導要録の違いを踏まえた道徳科学習評価

通知表と指導要録の性格と目的を踏まえて評価する

あらためて言うまでもないことですが，道徳科での学習評価をするといっても，通知表と指導要録とではその意図や目的が異なります。

生徒にも保護者にもなじみ深い通知表は，学校から家庭への連絡簿的な意味合いが強く，指導要録のような法的根拠や拘束力を伴っているわけではありません。例えば，2010年の中央教育審議会初等中等教育分科会教育課程部会報告では，「通信簿は，学校から保護者に児童生徒の学習状況を伝えるとともに，今後の指導方針を共有する上で重要な役割を果たしている。通信簿の扱いや様式は各学校の判断で定めるものであり，通信簿が児童生徒の学習の過程や成果，一人一人の進歩の状況などを適切に示し，その後の学習を支援することに役立てられるものとなることが重要である」と述べられています。

それに対し，指導要録は学校教育法施行規則第24条第１項によって規定され，学習指導要領に準拠して各学校の校長はこれを作成しなければならないという法的根拠を伴って定められています。指導要録は学校における生徒の学籍簿であると同時に，指導の過程での学習の様子や結果を記録してその後の指導に生かしたり，進学先等の外部に対する証明として役立たせたりするための原簿的な性格を有しています。ですから，通知表と指導要録の性格を踏まえ，その目的や用途に応じた道徳科学習評価記録として活用していかなければなりません。

通知表で心がけたい道徳科学習評価

道徳科での生徒の道徳学びは，あらかじめ設定した到達目標に準拠してどこまで迫れたのかといった学習評価とはなりません。ですから，そこでの学習評価記述は，生徒自身のもつよさや可能性，今後の人格的成長が促進される契機となる内容であることが大切です。一人一人の道徳学びのよさをしっかりと見取り，それを肯定的な視点をもって伝えることで生徒は自らの道徳学びについて自己評価したり，これからの学び方に思いを致したりすることができます。保護者は我が子の道徳学びの様子を知ることで，今後の発達や成長を促す情報を共有することができます。生徒への肯定的な眼差し，ぬくもりある眼差しが大切です。

指導要録で心がけたい道徳科学習評価

　指導要録は学籍簿という性格を踏まえ，道徳科での学びを通して生徒一人一人が個としてどのような道徳的資質・能力を身につけ，どのように自らの道徳的成長に向けて取り組むことができたのかを，ポートフォリオ評価によって収集した学習時の客観的データに基づいて大くくりな評価記録として残していくことが大切です。そこで忘れてはならないのは，その年度での道徳学びの成果が生徒の人格的成長という視点で次の年度へ，あるいは上級学校へと引き継がれていくことです。そのために大切なキーワードは，「生徒のパフォーマンスに基づく客観的データに裏打ちされた学習評価」です。道徳科における道徳学びは，生徒一人一人の個の内面的な心的作用です。ですから，一見しただけのパフォーマンスで生徒の道徳学びを捉えてしまったり，道徳ノート等の記述データで決めつけて評価したりすると，生徒の学びの実態とかけ離れた記録簿となってしまう可能性があります。そのようなことから，できれば副担任等と複数の目で客観的かつ継続的な視点から生徒一人一人の個としての道徳学びと向き合い，見取っていくことを何よりも大切にしてほしいと思います。

道徳科学習評価の先にある生徒一人一人の成長

　あらためて問いたいのは，なぜ「道徳の時間」が「特別の教科　道徳」＝道徳科へと移行・転換したのかという事実認識についてです。

　2016年11月，当時の松野文部科学大臣は「いじめに正面から向き合う『考え，議論する道徳』への転換に向けて」と題する大臣メッセージを発表しました。そのメッセージの主旨は，「読み物の登場人物の気持ちを読み取ることで終わってしまっていたり，『いじめは許されない』ということを児童生徒に言わせたり書かせたりするだけの授業」からの脱却でした。

　道徳的問題について，生徒が自分自身のこととして多面的・多角的に考え，議論していくためには具体的に機能して働く道徳的資質・能力の育成が不可欠です。日々の道徳科授業の中で生徒一人一人が個別にどのような道徳学びをしたのか，どう自分と向き合い，道徳的価値と向き合い，どうこれからの自分の生き方と向き合ったのかをしっかりと学習成果として見取り，これを的確に認め励ますことで生徒は自らの生き方に自信を深めたり，そこから自分を成長させるためにがんばろうとする意欲や人生をよりよく生きるための糧を手にしたりすることができます。道徳科の学習評価では，あくまでも肯定的な個人内評価を大切にします。それは，生徒一人一人が自らのかけがえのなさに気づき，その人生をまっとうするための勇気と意志力を励ますためのものであるからにほかなりません。そんな道徳科における生徒一人一人の学習評価を，これからは今までよりも大切に考えてほしいと願っています。

（田沼　茂紀）

2章

「特別の教科　道徳」の所見の書き方のポイント

1 ── 所見の構成要素

どのような内容を書くのか

　これまで，道徳の時間についての記入欄は指導要録にはありませんでしたし，特段，通知表にも設けられていませんでした。それだけに道徳の教科化の方向が示され，道徳科の評価が求められた時に，どのような内容について書いていけばよいのかとまどいの声があがり，一気に道徳科の評価について注目が集まりました。

　どのような内容を書いていけばよいのかについては，道徳の教科化に伴い改正された中学校学習指導要領に明示されていますので，それを拠り所としていくことになります。学習指導要領には「生徒の学習状況や道徳性に係る成長の様子を継続的に把握し，指導に生かすよう努める必要がある。ただし，数値などによる評価は行わないものとする」とあります。このことから，学習状況や道徳性に係る成長の様子を把握していくことが重要であることがわかります。つまり，記入すべき内容は，○学習状況や道徳性に係る成長の様子についてになります。

どのような方法で書くのか

　次に，どのような方法で書いていけばよいのかが問題になります。このことについては中学校学習指導要領解説　特別の教科　道徳編に示されていますので，それに沿いながら記入していくことになります。解説には「個々の内容項目ごとではなく，大くくりなまとまりを踏まえた評価とすることや，他の生徒との比較による評価ではなく，生徒がいかに成長したかを積極的に受け止めて認め，励ます個人内評価として記述式で行うことが求められる」とあります。このことから記入方法については以下のことについて留意する必要があります。
○大くくりなまとまりを踏まえること
○個人内評価であること
○数字等などの評価でなく記述式であること
○認めほめ励まし，勇気づける評価にしていくこと
　このことを念頭に置きながら書いていくことになります。

学習状況や道徳性に係る成長の様子について

　学習状況は，生徒が道徳科での学習活動で見せる様子ということです。これには，学習中に表出する表情や態度，あるいは外見的には確認できなくても内面的な心の動きや思考なども含まれます。道徳性に係る成長の様子については，道徳性についての記述ではなく，あくまでも道徳性に係る成長の様子を捉えるのだということに留意すべきです。

①学習状況

　外見的に確認できる学習状況は，他の教科と同様の内容もあると思います。一例を示せば以下のような学習状況が考えられます。

・学級やグループでの話し合いでは，挙手や発言を積極的に行っている
・友達の発言に相槌を打ったり頷いたりしながら傾聴している
・判断の根拠や理由を明確に述べることができる
・教材に含まれている道徳的な問題に対して深く考えている　　　　　　等々

　学習指導要領解説　特別の教科　道徳編では「学習活動において生徒が道徳的価値やそれらに関わる諸事象について他者の考え方や議論に触れ，自律的に思考する中で，一面的な見方から多面的・多角的な見方へと発展しているか，道徳的価値の理解を自分自身との関わりの中で深めているかといった点を重視することが重要である」と述べられています。このことから，

・一面的な見方から多面的・多角的な見方へと発展しているか
・道徳的価値の理解を自分自身との関わりの中で深めているか

これらのことも学習状況の評価の視点として考えられます。

②道徳性に係る成長の様子

　学級のある生徒を思い浮かべてください。もし，「その生徒の道徳性を評価してください」と言われたらそれはとても難しいことだと思います。ですが，その生徒の道徳性の成長の様子を，年度当初に比べどんなところがどのように成長したかを述べてくださいと問われたら比較的答えやすいのではないかと思います。あくまでも，道徳科における道徳性の成長を記述していくことになります。道徳性とは「人間としてよりよく生きようとする人格的特性」と説明されていることから，具体的には以下のような道徳性に係る成長の様子の記述が考えられます。

・道徳科の授業で学んだことをこれからの生活の中で生かそうとしている
・人間としての生き方を深く考えるようになってきた
・道徳的価値に照らして，これまでの自分を見つめ，よりよく生きようとする姿勢が見られる
・道徳的価値について多面的・多角的に考察し，自分の言動を省察している

2章　「特別の教科　道徳」の所見の書き方のポイント　◆　23

大くくりなまとまりを踏まえ，記述式で個人内評価を行う

　道徳科の評価については，評価すべき内容を把握し，書き方について理解していれば適正な評価文が書けます。書き方については，以下の①～④の評価文を書く際の基本方針をもとに記述していくことになります。

①大くくりなまとまりを踏まえること

　1時間の道徳科で画期的に道徳性が育まれることは稀です。また，道徳性が育まれたか否かを見取ることも難しいことです。このことを考え合わせた時に，1時間の道徳科で深い学びがあったとしても，道徳性が育まれたと軽々に判断するべきではないでしょう。少なくとも学期や1年間の期間で生徒の道徳性の成長の様子を見取っていくことが必要です。大くくりとは，長期的なスパンの中で見取っていくということです。

②個人内評価であること

　道徳科の目標は道徳性の育成です。決して，各教科のような到達目標があり，その目標に対してどれだけ達成できたかを評価していくことではありません。道徳科の目標は方向目標です。したがって，他者との競争や比較ではなく，個々人が道徳性を育むために自分磨きを生涯努めていくことになります。これまでの自分や年度当初よりどれだけ成長したかを確認していくことが大切です。他者と比較するのではなく，個人内での成長を見取っていきます。

③数字等などの評価でなく記述式であること

　各教科であれば，知識の定着度や技能の習熟度で観点別評価や総括的な評定を行うことは可能です。しかし，道徳科で育むべき道徳性は人格の基盤を成すものであり，単なる観念的な知識を獲得することではありません。人格を数字等により評定していくことがなじまないことは言を俟たないことです。道徳科における評定は不適切で，記述式で行うことはごく当然だといえます。この点について各教科の評価と道徳科の評価が一線を画することを銘記すべきです。

④認めほめ励まし，勇気づける評価にしていくこと

　道徳科で育むべき道徳性とは，人間としてよりよく生きようとする人格的特性です。すると，道徳科を指導する教師は，生徒によりよく生きていってほしいという願いのもとに行っていることになります。生徒に前向きによりよく生きていってほしいと願った時，それを指導する教師は，生徒のよさを認め励まし，よりよく生きようとする肯定的な評価をしていくことがとても大切です。道徳科の評価は生徒の生き方を勇気づける役割を有しています。

通知表と指導要録のその特質による記述の差異

　指導要録と通知表にはそれぞれの特質があり，役割が異なります。指導要録は法的な拘束力をもつ公簿であり，その役割は後の指導に生かしていくことです。また，記録として残すという意味合いも含んでいます。一方，通知表は発行自体を含め書式や内容も基本的には学校（校長）に任せられています。しかし，通知表はほとんどの学校で作成されており，主に保護者へ学習の様子等を知らせる連絡簿としての役割を担っています。

①指導要録の記述

　指導要録の「特別の教科　道徳」の欄には，1年間の道徳科での学びを見取り，年度末に記述していくことになります。記述の分量については，指導要録が自治体により異なるので断定することはできませんが，文部科学省の示した指導要録の参考様式の道徳科の欄はさほど広くなく分量も多くないように感じます。参考様式では，字の大きさに左右されますが，100文字程度のスペースかと思われます。

　記述すべき内容や方法については前述の通りです。内容は「学習状況や道徳性に係る成長の様子」を，方法については「大くくりなまとまりを踏まえ，個人内評価とし，勇気づける記述式」で行うことになります。

②通知表の記述

　大くくりなまとまりを踏まえるということは，個々の内容項目や1時間の道徳科に焦点をあてるのではなく，ある程度の長期的なスパンで捉えていくということです。すると，どうしても全体的に捉えていくので評価文が抽象性を帯びやすくなってきます。そのような抽象的な評価文を通知表で伝えた場合，保護者にとって我が子の道徳科の学びの様子が具体的に把握しにくいという危惧が生じます。つまり，保護者に道徳科でどのような学習をしているのか伝わらないということです。通知表の役割が保護者への連絡簿であることや道徳が教科になり保護者の関心も高いことから，保護者としても，道徳科でどのような学びをしているのか知りたいでしょうし，学校としてもわかりやすく実態を伝えたいところです。そこで，通知表に任意性があることを考えると，より具体的にわかりやすく伝えていく工夫が大切だと考えます。具体的な学習が伝わるようにするために，生徒の学びが深かった学習の具体例をあげるなどして記述していくことが考えられます。指導要録に1時間の学びを取りあげて記述していくことは不適だと考えますが，保護者向けの通知表に関しては，保護者との信頼形成という視点からも学校が創意工夫を凝らし，生徒の道徳科の学習状況や道徳的学びについて具体性をもって伝えていく必要があると考えます。

（富岡　栄）

2

所見の組み立て方

はたして記述式評価は容易なのか

　道徳の教科化の話がもちあがった初期の頃から，教科になるのであれば，道徳科では評価をどうするのかという話がついてまわりました。心の内面をどう評価するのか，他の教科のように数値による評価をするのかなどです。結果，心自体ではなく道徳性に係る成長の様子を評価することや，数値評価はせずに記述による評価ということに落ちついたのですが，次に巻き起こったのは，はたして記述式の評価をすることは容易なのかどうかという議論でした。

　いわく，容易派の意見は「これまでも通知表の中に所見の欄はあった。なら道徳の評価を記述で行うことに弊害はないのではないか」というものや「今までも道徳の授業として生徒の成長を見取ってきた。それを言語化すればよいのだ」というものです。しかし，それらの認識は長年，道徳科に真摯に向き合ってきた先生方の感覚であり，それが大多数の意見ではありません。むしろ，多くの先生方はどんなことを書けばよいのか，量としてはどれくらい記述すればよいのかと途方にくれているのが現状だと思います。

全ての先生が適切な評価を行うことを可能にするために

　もちろん，これが所見であれば，それぞれの先生方の受け止めや記述量に多少の差異があっても許容の範囲かもしれません。しかし，評価となれば違います。評価には何らかの基準（＝ものさし）が必要であり，その記述量も極端に多いものや少ないものがあれば，一部の教師不信につながるなど，何らかのハレーションを引き起こしかねません。

　道徳の指導方法や教材研究などに熱心に取り組んだ実績があれば，さほどの問題もなく道徳科の評価を記述できるかもしれません。しかしながら一般的には道徳科における評価の理解はまだ始まったところであり，あらゆる先生方が，適切な道徳の評価の記述をスムーズに行えるまでには至っていません。また，記述に対する得手不得手が先生の中でも存在し，さらに教科担任制の中学校では，クラス担任の中でも様々な視点や考え方が存在するわけです。だからこそ，まだ道徳科の評価について不慣れな先生方であっても，評価文面のクオリティを維持し，適切な評価を担保するために，評価手順のモデルケースを設定する必要があります。

OJTのための「手順のパターン化」

　道徳科の評価はまぎれもなく，教育改革で生まれた新たな取り組みです。ただし，その理念やノウハウを先生方が新たに習得するために研修時間を確保することは困難です。だからこそOJT（オン・ザ・ジョブ・トレーニング）の思想のもと，先生方には働きながら道徳科の評価について習得してもらわねばなりません。そのために，道徳科の評価では「最初に何を取りあげ，次に何について記述するか」を決めておきます。手順にしたがって記述することで，不慣れな先生でも学びの見取りとして押さえるべきところを押さえた評価ができあがるというわけです。ここで強調しておきたいのは，あくまで「手順」のパターン化であるということです。本来，生徒個々のよさを取りあげるはずの部分まで「文言」のパターン化を行ってしまうべきではありません。道徳科の授業を評価することが生徒個々の学びを決められたパターンの中に落とし込むことになってしまうと，それは単なる仕分け作業になってしまいます。それは道徳を教科化してまで目指したものと大きく乖離することになり，道徳科の評価を形骸化させるものだといえるでしょう。「何について記述するか」は統一の見解をもつべきですが「どのように記述するか」の文面は画一化するべきではないということです。

評価にはどれくらいの記述量を設定するか

　所見の組み立て方を考えるにあたり，どれくらいの記述量を設定するかはとても重要になってきます。なぜなら，通知表への記述可能な量がどれくらいあるのかという現実的な課題は，道徳科の評価を出すにあたって，所見の組み立て方と切っても切れない関係だからです。

　基本的に，評価で記述する分量については，通知表の書式が各学校裁量となっているため，これでなければならないという量はありません。しかし，従来の通知表に新しく欄を追加するとすれば，十分なスペースを確保することは難しいことが予想されます。

　ただ，道徳の評価は「認め，励ます評価」として行うことを大前提とすると，短文で評価を行ったとして，生徒の学びを認め，励ますことができるかというとはなはだ疑問に感じるところです。従来の記入枠に新たにスペースを追加するとしたら，約150字から200字が妥当なところでしょうか。もし道徳科の評価による十分な効果をねらう場合，別票として作成し，記述量を確保する方法をとる学校も出てくるかもしれません。

　しかしながら，記述量の増加は教師の負担増につながります。どれほど生徒にとってよいことでも，教師の従来の仕事量を過度に圧迫するようなものであれば，それは持続可能な取り組みとはなりません。先生方の負担感の軽減，また年度末の指導要録への記述も考えると，ある程度抑制した量の記述にとどめる方がよいと考えます。

評価の構成モデル例

　道徳科の評価構成を設定することでいくつかのメリットが生じると考えます。所見欄などの記述が得意な先生ほど，「まずこれを述べ，次にこれを述べる」という構成の定型を活用しています。道徳科の評価でも，評価の時期などの項目は一定の型を使うことで記述の負担を減らすことは可能です。そのぶん，「評価の核心部分については先生方が練られた記述を行う」ことが可能になり，より生徒に響き，「認め，励ます」課題を克服できるのではと考えます。参考として，2パターンの評価の構成モデルを作成しました。まずは基本形のものを示します。
①「評価の時期」
②「全体の見取り」（その期間を通しての観察）
③「道徳科の目標」に準じた記述
④「特に印象的だった教材」
⑤「生徒の記述」（ワークシート）
　このうち，②については生徒を観察しての記述となりますが，他の①③④は一定のパターン例を用意します。また，⑤に関してはまとめ振り返りを活用して，生徒の受け止めを示すこととします。
　道徳科では，大くくりなまとまりを踏まえることになっていますが，具体的な学びを示さないと，生徒が実感をもって自らの成長を感じにくいこともあると思われます。顕著な学びがあり，生徒が特に印象的であった「教材」名を取りあげて示すことは，生徒自身が実感をもって学びを振り返ることができるようにするためには有効だと感じます。
　さらに別票などを用いて，評価の字数を増やせる場合の定型パターンを示します。
①「評価の時期」
②「全体の見取り」（その期間を通しての観察）
③「道徳科の目標」に準じた記述
④「特に印象的だった教材」
⑤「生徒の記述」（ワークシート）
⑥「授業での見取り」（まとめ振り返りなどの生徒記述からの観察）
⑦「顕著な学びの姿」
　ここでの⑥はその取りあげた道徳の授業についての先生方による記述となります。⑦についてはパターン化からの選択を行い，先生方の評価作業の軽減を図ることもできます。このように整理することで，先生方の作業時間の効率化を図れる部分は図り，生徒の見取りの記述という，核心部分にかける時間を確保することができるでしょう。

「道徳科の目標」に準じた記述と「顕著な学びの姿」について

　道徳科の評価については，道徳の時間での学びを評価します。そこで道徳科の目標を評価に反映させることが考えられます。中でも目標のうちの「道徳的価値理解」「多面的・多角的視野の広がり」「これからの生き方への影響」の三側面を意識し，それぞれについて顕著な学びがあった側面を捉えて，「道徳的価値の理解が深まり，自分を見つめ直していました」「今までの見方から広がり，物事を多面的・多角的な視点から考えられていました」「自分のこれからの生き方について考えを深めていました」のように評価することにしました。

　また，道徳科の授業で見られる学びにはいくつかの側面があります。それを類型化したのが「顕著な学びの姿」の項目になります。六つの視点をもとに生徒の姿を分析し，「読み取り」＝教材からの読み取りに優れた学びが見られました，「自己把握」＝自己の行動の見直しや困難の自覚につなげていました，「議論・傾聴」＝話し合いの中でよい議論や他者の意見を受け止めていました，「共感・感動」＝教材に心揺さぶられ，共感を深めていました，「人生に影響」＝生き方を振り返り，よりよく生きる意志を強めていました，「様々な視点：批判精神」＝価値判断をうのみにせずしっかり検証していました，などのように学びを文面に整理しました。

項目別に構成を設定する評価形式のメリット

　この形式の利点は，項目ごとに分けて入力しておくことで，必要な項目をピックアップし，指導要録などへの記述用に，より短い文章を自動的に作成することが可能である点です。

　今回の構成例でいえば，「①前期の道徳科の授業では，②自分だけの見方でなく，いろいろな人がいて，その人たちのことも思いやろうと考えるなど，③広い視野から多面的・多角的思考を意識することができていました。④特に教材『二通の手紙』の授業では，⑤『答えはないけど，いろんなことを深く知ることができたと感じる』と記述するなど，⑥〇〇さんは他の人の意見についてしっかり耳を傾け，そこから考えを深め，⑦お互いの意見を磨き合う経験を積み重ねていました」という長文の評価文があったとします。

　このうちの②③⑦を抜粋し，「②自分だけの見方でなく，いろいろな人がいて，その人たちのことも思いやろうと考えるなど，③広い視野から多面的・多角的思考を意識することができていました。⑦お互いの意見を磨き合う経験を積み重ねていました」といったかたちで短い評価記述を作成することもできるのです。

　これで，別票を利用して懇談会などで生徒・保護者に提示する評価を作成しておけば，新たに先生方の労力を費やすことなく，通知表や指導要録に記述する評価を作成することができます。

（中山　芳明）

3

所見作成時の留意事項

前提として押さえるべき「記述式評価」の意味

　所見作成にあたって前提となるポイントとして，道徳科の評価は「文言による評価」ではなく，「記述式評価」であるということを押さえておきます。道徳科の評価を「生徒を認め，励ます評価」とするためにも，数値による評価ではないことは周知されています。しかしながら，「文言による」と「記述式」の違いについてはあまり意識されていません。

　教師の負担が大きくなりすぎないことはとても大切なことです。そのために評価の構成モデルを提案したわけですが，かといって，定型文を用意し，それを選択することで道徳の評価とする方法までいくと，それはＮＧだと言わざるを得ません。なぜなら，文言による評価，ということならばこのやり方であっても可能なのかもしれませんが，文部科学省が「記述式評価」とはっきり打ち出している以上，既成文を選び，教師が記述しないこともあり得る形式は不可であると考えられるからです。

　もちろん，だからといって全てを一から記述してもらうことは教師への多大な負担につながります。そこで，時期などの共通する項目は定型を用い，生徒の見取りなどの要所では一人一人に対して記述してもらう形式が現実的ではないでしょうか。

ＮＧな所見から

　では実際に所見を記述するにあたってＮＧとされるのはどのような評価なのか，具体例を取りあげて説明したいと思います。以下の評価例を見てください。

　「○○君は①クラスの中でも特に優秀な②道徳性を兼ね備えています。③Ｂ－⑻友情，信頼の道徳的価値については，④道徳的実践意欲と態度を深めていました。また，⑤普段の清掃活動や授業中の道徳的な判断力については⑥まだまだ達成できていない課題もあり，これからのさらなる精進を求めます」

　この評価は一見，問題がないように見えて，六つのＮＧ項目に該当しています。教科化にあたり，学習指導要領解説に評価についての記述が多く追加され，評価の方向性について示されました。次項で一つ一つ詳述したいと思います。

道徳科の評価は「個人内評価」であるということ

まず①と⑥のNG部分ですが，これは学習指導要領解説内の以下の部分に該当しています。

・他の生徒との比較による評価ではなく，生徒がいかに成長したかを積極的に受け止めて認め，励ます個人内評価として記述式で行うこと

ここで重要なのは道徳科の評価は相対評価ではないという点です。道徳については，それまでの道徳的学びの機会には個人差があり，一律に判断することはできません。また，他の教科のように到達すべき目標があって，その目標に到達したかどうかを見取っていくことでもないので，あくまでも，個々の生徒の道徳的学びに注目して，以前よりどれだけ道徳的深化・成長があったかを見取ることになります。よって，たとえプラス面の見取りであっても，「クラスの中でも特に優秀な」という記述は適当ではないでしょう。

もちろん，道徳科はその生徒のよい面を積極的に認め励ますことに主眼が置かれていますので，できていないことをマイナスとして取りあげるのはご法度となります。

評価の対象は「大くくりなまとまり」であるということ

また，②の部分で書かれるような「道徳性」について直接評価することも避けるべきでしょう。なぜなら，道徳性は見えにくく，評価するのは困難であるからです。そこで「学習状況」に注目して，具体的な学びの成長の過程を評価することが推奨されます。

道徳科の評価は「個々の内容項目ごとではなく，大くくりなまとまりを踏まえた評価とすること」とされています。「道徳科の指導は，道徳性の性格上，1単位時間の指導だけでその成長を見取ることが困難である」からです。よって③のようにある特定の内容項目だけを抜き出して評価することは適当ではありません。

そこで，ある程度の期間を対象にして，複数の道徳の授業を見取ることになります。また，道徳の内容項目はそれぞれ関連し合うものでもあるので，特定の内容項目だけを取りあげることは妥当ではなく，誤解をまねく場合もあるので避けるべきでしょう。

しかし，学びを評価する時に，「生徒が自らの成長を実感し，更に意欲的に取り組もうとするきっかけとなるような評価を目指すことが求められる」と解説に記されたように，生徒が学びを実感するためには，具体的な姿の描写が必要です。

この場合，個々の内容項目ではなく，大くくりなまとまりを踏まえた評価をしたうえで，「特に『○○（教材名）』の授業では」といった表記で顕著な学びの姿を示して成長を認めることがより有効であるでしょう。

道徳性の諸様相ではなく「道徳科の目標」を適用するということ

　④で取りあげたように，道徳では以前から道徳性の諸様相という「道徳的判断力・心情・実践意欲と態度」という三つの側面を基準として活用してきました。しかし学習指導要領解説で「道徳性の諸様相である道徳的な判断力，心情，実践意欲と態度のそれぞれについて分節し，学習状況を分析的に捉える観点別評価を通じて見取ろうとすることは，生徒の人格そのものに働きかけ，道徳性を養うことを目標とする道徳科の評価としては妥当ではない」と記されたように，そのまま道徳科の評価に応用することには実質ストップがかかりました。

　ここに書かれているのは，教師が道徳科の評価を行う際に，従来の教科の評価で行っていた観点別評価の思想を導入することについての懸念です。「この生徒の道徳的判断力は特に秀でており，道徳的心情は〜」などのように道徳性の諸様相を個々に評価してしまうことで，その生徒の全体像に教師の考えが及ばなくなること，道徳性の諸様相に序列や段階があると受け止められることを危惧したためであろうと考えられます。

　もちろんここに追加されているのは教師が行う学習状況の評価について「妥当ではない」とされたのであって，生徒が行う振り返りについて否定したわけではありません。しかしながら，生徒が自身の学びについて行った振り返りを，観点別評価に類する理解で道徳科の評価に応用しようとする教師が出てくるケースがあるため，そのような誤解を受ける可能性も避けねばなりません。

　また，「道徳性の諸様相」は道徳性を構成する人格的特性であるため，道徳性を評価するのではなく，道徳の時間での学びを評価します。あくまで，道徳の時間にどのような学びがあったかを教師は評価するというわけです。

　そこで考えられるのは「道徳科の目標」を評価に反映させることです。道徳科の目標については「道徳的諸価値についての理解を基に，自己を見つめ，物事を広い視野から多面的・多角的に考え，人間としての生き方についての考えを深める」と新学習指導要領にも規定されています。道徳の時間での学びを評価するという視点から見ても，生徒をこの視点をもとにして評価することが妥当と考えられます。

　ただし，この道徳科の目標をそのまま一度に考えさせるのは情報量が多すぎるため，分節する必要があります。道徳性とは違い，道徳の時間の学習状況であるため，この分節は問題ないと考えます。また記述式評価をした際に「生徒を認め，励ます評価」にするためにも，より具体的な学びを取りあげる方が効果的です。よって，今回の例では「道徳的価値理解」「多面的・多角的視野の広がり」「これからの生き方への影響」の３点に分け，それぞれについて特に学びが顕著であった点を取りあげて記述することで，生徒を認め励ます評価としていきます。

道徳科の評価と「行動の記録」などとの違い

　②のNG部分でもふれましたが，道徳科の評価は，その生徒の人間性と同質の，道徳性そのものについて評価するのではなく，道徳科のそれぞれの時間における指導のねらいとの関わりにおいて，生徒の学習状況や道徳性に係る成長の様子を様々な方法で捉えて評価するのです。つまり，⑤のように「普段の生活の中での道徳的行動」を取りあげるのではなく，あくまで道徳科の授業の中での学習状況に焦点化して評価をすることになります。

　道徳の教科化の過程の中で「道徳的実践力」という言葉が広がった時に，道徳科も道徳的価値理解よりもそういった実践力を重視するべきかという議論が起こりました。これは昨今，重大な問題としてもちあがってきたいじめへの対応を考慮したための措置であり，生徒にこうした現実の困難な問題に主体的に対処することのできる実践力を育成していくことが喫緊の課題となったためでした。

　しかし，道徳科が行動面に焦点をシフトしてしまうと，共感や道徳的価値理解のないままであっても，「こうすれば正解なのだろう」と模範解答を提示すればよいという傾向も生まれかねなくなってしまいます。やはり道徳で軸足とするべきなのは心情であり，よりよく生きたいと願う心の動きであり，あくまで，道徳的価値を実現するための適切な行為を主体的に選択し，実践することができるような内面的資質なのです。

NG例を改善した評価例

　ここまでのNGポイントを改善したものが以下の評価になります。

　「〇〇君が①今学期で大きく成長したと感じたのは②他者と議論する力でした。③特に教材『嵐の後に』の授業では自分と他人の友情観の違いに気づくなど，④多面的・多角的な視野の広がりを深めていました。また，⑤議論の中でよりよい答えを考える力については⑥これからさらに伸びると感じました」

　①でその生徒自身の成長の様子に注目し，②と⑤で授業の中の学習状況を取りあげ，③で内容項目ではなく，教材名で具体的な様子を紹介し，④で「道徳科の目標」を意識した記述を行って，⑥のように全体的にプラス面を認め，励ますトーンで統一します。

　以上で評価例も含めた，道徳科における考え方を紹介しましたが，「指導と評価の一体化」という原則に基づくと，授業の改善への意識も必要です。生徒の真情を引き出し，発展的な議論を行え，生き方にまでつながるような授業を提供できてこそ，認め，励まし，生徒を力づける評価が可能になることを忘れてはいけません。道徳科はまだ始まったばかりであり，その成功は我々のここからの精進にかかっているのです。

(中山　芳明)

3章

「特別の教科　道徳」
の
通知表記入文例
ＮＧ文例付

記入文例の考え方・見方・使い方

A-(1)

自主，自律，自由と責任

自律の精神を重んじ，自主的に考え，判断し，誠実に実行してその結果に責任をもつこと。

内容項目の解説と授業のポイント

「自主，自律，自由と責任」は，22項目の中で全体の最初に位置づけられています。前回までの学習指導要領とは内容項目の順序や項目の種類が一部変わりましたが，その中でこの項目が最初に位置づけられたのには，大きな意味があったと考えることもできます。今回，道徳が特別の教科となった背景には，いじめなど生徒指導上の様々な問題への対応が求められていることがその理由の一つだといわれていますが，まさにこの「自主，自律，自由と責任」という項目は，今の生徒たちにとって避けて通れない，正しく学ぶべき課題と捉えることもできるのではないでしょうか。さて，「自由」とはどういうことでしょう。もちろん自分勝手に，個人の思うがまま勝手に振る舞うことが許されるということではありません。しかし，生徒たちの中にはその未熟さゆえか，ともすると周囲の相手にも様々な立場やそれぞれの思いがあることを忘れ，自己中心的な言動をしてしまう者もいます。本来自由には必ず責任が伴いますし，中学生では大人への一歩として，小学生の時以上に，自らの言動に責任をもつことが課されているはずです。また自律とは，他者の意見に十分耳を傾けたうえで，自ら判断し行動するという意味も含まれます。よって授業においては，これらの考え方を大切に，学校生活で行われる様々な活動とも関連させながら学びを深めていきたいものです。その際大切にしたいのは，どんな小さなことでもよいですから生徒たち一人一人が自分に誇りをもつことができるような，成功体験を得られる活動を仕組むことではないでしょうか。そのための種まきは，先生方にしかできません。普段の学級経営の中でどんな工夫ができるか，教師の腕の見せ所です。自分自身の大切さに気づけれど，他者の大切さも理解できるもの。そのうえで，自分以外との関わりを含めてこの価値について考えさせていきましょう。日常の諸活動や学級での生活，あるいは学校行事を扱った読み物教材はたくさんあります。何かの事前指導や特別活動のように道徳科の授業をするのではなく，様々な体験をした後に教材を通してじっくりと振り返り，考えることが大切なのではないでしょうか。

38

学習状況に注目した文例

授業中の発言・様子に注目した文例

「大人の方が自由でいい」という仲間の発言から，授業の中で「本当の自由」について，白熱した議論が行えました。その中で○○さんの「自由のぶんだけ，大人は重い責任を負っている」という言葉から，クラスとしての方向が定まり，全員が納得する「自由のかたち」を示すことができました。

主人公の役を演じることで，相手との関わりの中から「本当の自由」について考え合うことができました。見ていた仲間たちの発言から，自分が気づいていなかった新たな姿に気づくことができ，そこから自分が考える「自由の大切さ」を発見できたのは，すばらしいことです。

授業における話し合いの場面では，自分の考えを積極的に発言しようとする姿が見られました。特に教材「裏庭での出来事」の授業では，主人公のとるべき行動について，他の仲間たちの様々な発言から，自分自身のことに置き換えて，本当の責任ある態度を見出そうとしていた姿が印象的でした。

クラスでの話し合いを通して，「自律」について様々な角度から考えることができました。仲間の意見と自分の考えを比べて，よりブラッシュアップした意見を発表していました。

道徳ノート・ワークシートに注目した文例

授業での話し合いをもとに，「自分の考える自由」について，道徳ノートに自分の考えをまとめました。その中で，「自由には責任が伴うし，自分の行動に責任をもてないのは一人前の大人とはいえない」と，力強い表現で記していました。

○○の授業を通して，一人の人間として「正しいことを自ら見極め行動することの大切さ」について，道徳ノートに自分の考えを丁寧にまとめていました。

授業の前半では「誠実」という言葉にこだわりをもっていましたが，仲間の発言を聞きながら考える視野が広がり，様々な立場を考えながら判断する姿が見られました。道徳ノートには，そんな○○君の考えの変化が学びの足跡として明確に記されています。

「自由がないのは困るけど，自己責任のない自由はもっといけない」。仲間たちの意見を聞きながら，真の自由の在り方を真剣に考えていました。

3章 「特別の教科 道徳」の通知表記入文例　NG文例付 ◆ 39

内容項目の解説と授業のポイント

3章では，内容項目ごとに記入文例を紹介しています。各内容項目の1ページ目では，内容項目の解説と授業のポイントについて明示しました。

道徳科の評価にあたっては，「個々の内容項目ごとではなく，大くくりなまとまりを踏まえた評価とすること」という方針が示されており，1学期間・1年間の成長を見取っていくことが大切です。

しかしながら，通知表の所見に記入する際は，特に成長の様子が見られた授業を取りあげて記入した方が，保護者に伝わりやすい場合があります。

これらを踏まえ，本書では内容項目ごとに文例を示しています。

36

道徳性に係る成長の様子に注目した文例

自己評価等に注目した文例

「今日の授業では、たくさんの意見を発表することができた。『本当の自由』とは、『責任の上に成り立つ』ものだと思う」。自己評価欄に書かれていた○○君の言葉です。仲間たちとの話し合いの中から、自分の答えを見つけることができました。

「今日の『知らないよ』に出てきた、僕と真緒両方の気持ちを考えて発言することができた」。振り返りで書いてくれた通り、それぞれの立場に共感しながらも、たりないことは何か、どのようにするべきだったのか、冷静に判断することができました。

「『自律』という言葉について、いろいろな意見をもとに自分なりに考えることができた」。自己評価で書かれていたように、しっかりとした自分の意見をもつことができました。

「『自律した自分』はどうあるべきか、話し合いの中から見つけることができた」。振り返りで書かれていた通り、「人を頼らず、他人に迷惑をかけずに行動できること」という自分なりの結論を導き出し、それに向かって努力しようとする思いを熱心に語っていました。

学期間・学年間における成長に注目した文例

道徳科の授業を重ねるごとに、仲間の発言に耳を傾けながら論点を整理し、自分の考えとの違いや同意する部分などを理路整然とまとめられるようになりました。「真の自律」についての○○さんの発言は、クラスでの話し合いが進む大きな力となりました。

授業後の振り返りで○○さんの道徳ノートに書かれていたのは、初めの頃は教材の内容や登場人物への感想が主でした。それがだんだんと自分自身の経験を重ねて考えるようになり、これからの自分はどう行動すればいいのか、常に考えて書くことができるようになりました。

「本当の自由」ということについて、これまでの自分を振り返りながら熱心に語っていた姿が印象的です。クラスの仲間たちの意見にも真剣に耳を傾け、相手の立場も考えながら発言できるようになったことに、○○君の成長を感じました。

1年間道徳科の授業に熱心に取り組むことができました。特に「自律」ということについて、自分なりの結論を導き出し、そんな自分を築いていこうとする姿はすばらしいものです。

NG文例と言い換えポイント

NG文例

道徳科の授業を通して、「自由とは自分勝手に行動することではない」ということを仲間たちと共に話し合う中で再確認することができ、自分の言動に責任をもって生活しようとする心情が育ちました。

> この文例のNGポイントは、「自分の言動に責任をもって生活しようとする心情が育ちました」というところです。「心情が育った」という表現は、道徳性そのものを評価することになってしまいます。あくまでも生徒個々の成長の様子を記述するのですから、次のように記すことができます。「自由とは自分勝手に行動することではない」ことを話し合いから再確認し、「自分の言動に責任をもって生活することの大切さ」を仲間たちに熱心に語っていました」

道徳科の授業を通して、「自由と責任」について仲間の発言を聞きながら真剣に考える姿が見られました。その後の生活では、キャプテンとして部員の声に耳を傾けながらも責任ある姿勢で部をまとめ、一生懸命に活動していました。

> この文例のNGポイントは、「キャプテンとして部員の声に耳を傾けながらも責任ある姿勢で部をまとめ、一生懸命に活動していました」という部分です。部活動など日常の生活での様子は総合所見などで書くべきで、道徳科の評価としてはふさわしくありません。例えば、「教材『キャプテンの決断』の授業では、自由と責任について自分の体験を重ねながら真剣に考え、自分の考えを熱心に語っていました」等であれば、道徳科の評価といえるでしょう。

道徳の授業で学んだ「自律」ということについて深く考え、自ら行動しようと努力することができました。特に学習班の班長として自分たちの手でできる活動を考え、仲間たちと協力して着席や事前学習の呼びかけに積極的に取り組めたのは、すばらしいことです。

> この文例のNGポイントは、後半の「特に学習班の班長として自分たちの手でできる活動を考え、仲間たちと協力して着席や事前学習の呼びかけに積極的に取り組めた」の部分です。道徳科の学びがきっかけとなって積極的な行動が生まれたのかもしれませんが、具体的な生活上のことは、やはり総合所見等で書くべきです。あくまでも「道徳科の授業」に特化して記述しなければならないことは、言うまでもありません。

（大舘　昭彦）

記入文例とNG文例

2〜3ページ目では、記入文例を紹介しています。学級や学校の実態に合わせて文章に工夫を加えて、活用することが可能です。

4ページ目では、NG文例と言い換えポイントを紹介しています。道徳科の所見では、「思いやる心が育ってきました」「道徳的な態度が身についてきました」等、容易に判断ができない道徳性そのものについて記述することは、避けるべきだと考えられています。

この他にも、道徳科ならではのポイントが数多くあります。NG文例を理解することで、ポイントを押さえた所見を書くことが可能になります。

A-(1)

自主，自律，自由と責任

自律の精神を重んじ，自主的に考え，判断し，誠実に実行してその結果に責任をもつこと。

内容項目の解説と授業のポイント

　「自主，自律，自由と責任」は，22項目の中で全体の最初に位置づけられています。前回までの学習指導要領とは内容項目の順序や項目の種類が一部変わりましたが，その中でこの項目が最初に位置づけられたのには，大きな意味があったと考えることもできます。今回，道徳が特別の教科となった背景には，いじめなど生徒指導上の様々な問題への対応が求められていることがその理由の一つだといわれていますが，まさにこの「自主，自律，自由と責任」という項目は，今の生徒たちにとって避けて通れない，正しく学ぶべき課題と捉えることもできるのではないでしょうか。さて，「自由」とはどういうことでしょう。もちろん自分勝手に，個人の思うがまま勝手に振る舞うことが許されるということではありません。しかし，生徒たちの中にはその未熟さゆえか，ともすると周囲の相手にも様々な立場やそれぞれの思いがあることを忘れ，自己中心的な言動をしてしまう者もいます。本来自由には必ず責任が伴いますし，中学生では大人への一歩として，小学生の時以上に，自らの言動に責任をもつことが課されているはずです。また自律とは，他者の意見に十分耳を傾けたうえで，自ら判断し行動するという意味も含まれています。よって授業においては，これらの考え方を大切に，学校生活で行われる様々な活動とも関連させながら学びを深めていきたいものです。その際大切にしたいのは，どんな小さなことでもよいですから生徒たち一人一人が自分に誇りをもつことができるような，成功体験を得られる活動を仕組むことではないでしょうか。そのための種まきは，先生方にしかできません。普段の学級経営の中でどんな工夫ができるか，教師の腕の見せ所です。自分自身の大切さに気づければ，他者の大切さも理解できるもの。そのうえで，自分以外との関わりを含めてこの価値について考えさせていきましょう。日常の班活動や学級での生活，あるいは学校行事を扱った読み物教材はたくさんあります。何かの事前指導や特別活動のように道徳科の授業をするのではなく，様々な体験をした後に教材を通してじっくりと振り返り，考えることが大切なのではないでしょうか。

学習状況に注目した文例

授業中の発言・様子に注目した文例

「大人の方が自由でいい」という仲間の発言から，授業の中で「本当の自由」について，白熱した議論が行えました。その中で○○さんの「自由のぶんだけ，大人は重い責任を負っている」という言葉から，クラスとしての方向が定まり，全員が納得する「自由のかたち」を示すことができました。

主人公の役を演じることで，相手との関わりの中から「本当の自由」について考え合うことができました。見ていた仲間たちの発言から，自分が気づいていなかった新たな姿に気づくことができ，そこから自分が考える「自由の大切さ」を発見できたのは，すばらしいことです。

授業における話し合いの場面では，自分の考えを積極的に発言しようとする姿が見られました。特に教材「裏庭での出来事」の授業では，主人公のとるべき行動について，他の仲間たちの様々な発言から考え，自分自身のことに置き換えて，本当の責任ある態度を見出そうとしていた姿が印象的です。

クラスでの話し合いを通して，「自律」について様々な角度から考えることができました。仲間の意見と自分の考えを比べて，よりブラッシュアップした意見を発表していました。

道徳ノート・ワークシートに注目した文例

授業での話し合いをもとに，「自分の考える自由」について，道徳ノートに自分の考えをまとめました。その中で，「自由には責任が伴うし，自分の行動に責任をもてないのは一人前の大人とはいえない」と，力強い表現で記していました。

○○の授業を通して，一人の人間として「正しいことを自ら見極め行動することの大切さ」について，道徳ノートに自分の考えを丁寧にまとめていました。

授業の前半では「誠実」という言葉にこだわりをもっていましたが，仲間の発言を聞きながら考える視野が広がり，様々な立場を考えながら判断する姿が見られました。道徳ノートには，そんな○○君の考えの変化が学びの足跡として明確に記されています。

「自由がないのは困るけど，自己責任のない自由はもっといらない」。仲間たちの意見を聞きながら，真の自由の在り方を真剣に考えていました。

3章 「特別の教科 道徳」の通知表記入文例 NG文例付 ◆ 39

道徳性に係る成長の様子に注目した文例

自己評価等に注目した文例

「今日の授業では，たくさんの意見を発表することができた。『本当の自由』とは，『責任の上に成り立つ』ものだと思う」。自己評価欄に書かれていた○○君の言葉です。仲間たちとの話し合いの中から，自分の答えを見つけることができました。

「今日の『知らないよ』に出てきた，僕と真緒両方の気持ちを考えて発言することができた」。振り返りで書いてくれた通り，それぞれの立場に共感しながらも，たりないことは何か，どのようにするべきだったのか，冷静に判断することができました。

「『自律』という言葉について，いろいろな意見をもとに自分なりに考えることができた」。自己評価で書かれていたように，しっかりとした自分の意見をもつことができました。

「『自律した自分』はどうあるべきか，話し合いの中から見つけることができた」。振り返りで書かれていた通り，「人を頼らず，他人に迷惑をかけずに行動できること」という自分なりの結論を導き出し，それに向かって努力しようとする思いを熱心に語っていました。

学期間・学年間における成長に注目した文例

道徳科の授業を重ねるごとに，仲間の発言に耳を傾けながら論点を整理し，自分の考えとの違いや同意する部分などを理路整然とまとめられるようになりました。「真の自律」についての○○さんの発言は，クラスでの話し合いが進む大きな力となりました。

授業後の振り返りで○○さんの道徳ノートに書かれていたのは，初めの頃は教材の内容や登場人物への感想が主でした。それがだんだんと自分自身の経験を重ねて考えるようになり，これからの自分はどう行動すればいいのか，常に考えて書くことができるようになりました。

「本当の自由」ということについて，これまでの自分を振り返りながら熱心に語っていた姿が印象的です。クラスの仲間たちの意見にも真剣に耳を傾け，相手の立場も考えながら発言できるようになったことに，○○君の成長を感じました。

1年間道徳科の授業に熱心に取り組むことができました。特に「自律」ということについて，自分なりの結論を導き出し，そんな自分を築いていこうとする姿はすばらしいものです。

NG文例と言い換えポイント

NG文例

道徳科の授業を通して,「自由とは自分勝手に行動することではない」ということを仲間たちと共に話し合う中で再確認することができ,自分の言動に責任をもって生活しようとする心情が育ちました。

> この文例のNGポイントは,「自分の言動に責任をもって生活しようとする心情が育ちました」というところです。「心情が育った」という表現は,道徳性そのものを評価することになってしまいます。あくまでも生徒個々の成長の様子を記述するのですから,次のように記すことができます。「『自由とは自分勝手に行動することではない』ことを話し合いから再確認し,『自分の言動に責任をもって生活することの大切さ』を仲間たちに熱心に語っていました」

道徳科の授業を通して,「自由と責任」について仲間の発言を聞きながら真剣に考える姿が見られました。その後の生活では,キャプテンとして部員の声に耳を傾けながらも責任ある姿勢で部をまとめ,一生懸命に活動していました。

> この文例のNGポイントは,「キャプテンとして部員の声に耳を傾けながらも責任ある姿勢で部をまとめ,一生懸命に活動していました」という部分です。部活動など日常の生活での様子は総合所見などで書くべきで,道徳科の評価としてはふさわしくありません。例えば,「教材『キャプテンの決断』の授業では,自由と責任について自分の体験を重ねながら真剣に考え,自分の考えを熱心に語っていました」等であれば,道徳科の評価といえるでしょう。

道徳科の授業で学んだ「自律」ということについて深く考え,自ら行動しようと努力することができました。特に学習班の班長として自分たちの手でできる活動を考え,仲間たちと協力して着席や事前学習の呼びかけに積極的に取り組めたのは,すばらしいことです。

> この文例のNGポイントは,後半の「特に学習班の班長として自分たちの手でできる活動を考え,仲間たちと協力して着席や事前学習の呼びかけに積極的に取り組めたのは,すばらしいことです」の部分です。道徳科の学びがきっかけとなって積極的な行動が生まれたのかもしれませんが,具体的な生活上のことは,やはり総合所見等で書くべきです。あくまでも「道徳科の授業」に特化して記述しなければならないことは,言うまでもありません。

（大舘　昭彦）

A−(2)

節度，節制

> 望ましい生活習慣を身に付け，心身の健康の増進を図り，節度を守り節制に心掛け，安全で調和のある生活をすること。

内容項目の解説と授業のポイント

　「節度，節制」は，「A　主として自分自身に関すること」に位置づけられている内容項目です。小学校高学年の内容項目には，「安全に気を付けることや，生活習慣の大切さについて理解し，自分の生活を見直し，節度を守り節制に心掛けること」とあり，それについて学んできています。小学校の段階からの節度，節制の大切さについての理解を一層深めるとともに，生活全般にわたり安全に配慮して，心身の調和のある生活を送ることの意義をしっかりと考えることができるようにすることが大切です。

　そのためには，心身の健康の増進，生涯にわたって学ぼうとする意欲や習慣，時間を大切にすること，常に安全に配慮して生活すること，望ましい生活習慣を身につけることが充実した人生を送るうえで欠くことのできないものであることを，生徒自らが自覚できるようにすることが大切です。基本的生活習慣や防災訓練，交通安全等の安全に関わる活動の意義について学ぶ機会を設け，道徳教育と道徳科との関わりを考え指導することでより効果的になります。

　「節度，節制」を考える教材に，「釣りざおの思い出」（『中学生の道徳　明日への扉１年』学研）があります。この教材は，釣りが大好きだった主人公の少年時代の話です。ある日あこがれの釣りざおを母が買ってくれました。その釣りざおで釣りに出かける日，主人公は父の言いつけを受け入れず，また母とは軽い気持ちで帰宅時間を約束して１日中釣りに夢中になってしまいました。途中で約束の時間に気づいたにもかかわらず結局釣りを続けてしまい，家に帰ってその釣果を母に見せようとしましたが，母はその場で釣りざおを折り始めてしまいました。釣りの途中に約束の時間が過ぎたことに気づいたけれど，どうしようかと思いながらも主人公のとった行動を中心に考えさせ，約束や時間を守ることの大切さを考えさせたい教材です。また「私たちの道徳」の「内なる敵」を紹介し考えを深めることができます。

学習状況に注目した文例

授業中の発言・様子に注目した文例

「最後の1匹を釣ったら帰ろう」と思っている「私」と「やっぱり釣りを続けたい」と思う「私」を照らし合わせながら，自分だったらどうするか自分事として考えていました。自分の心の中の迷いを友達との話し合いを通して深める様子が見受けられました。

自分事として考えるために，ネームカードを活用した取り組みを行いました。最初は，「少しくらいだったら大丈夫」という気持ちでしたが，友達の「約束を守らないとたいへんなこともある」という発言を聞いた時に，自分の考えをもう一度考え直す姿が見られました。

今日の学習を通して，自分自身が考える「節度，節制」について発言を求めたところ，約束を守り節度ある行動をとるためには，自分自身がしっかりと考え判断することが必要だと述べていました。

自分の生活体験を思い出しながら授業を受けていました。「私も，母との約束を守らなかった時に，弟がけがをしてしまいたいへんだった経験がある」と自分の経験を教材に重ね合わせながら，考えを深めている様子が見受けられました。

道徳ノート・ワークシートに注目した文例

道徳ノートに「自分の考え」と「友達の考え」を書き入れ，いろいろな考え方があることを模索しながら自分の考えを整理していました。意見を整理し考えることで，「相手のことを考え，自分自身が行動することが大切」だと考えを深めていきました。

道徳ノートのとり方が大変すばらしいです。黒板の内容を自分なりに整理して書いています。考えが違う意見については，色ペンを使うなどして工夫しています。自分の考えを整理し，他者の意見を取り入れ学ぼうという姿勢が見受けられます。

主人公の気持ちと母親の気持ちの両方の立場に立った記述がありました。「自分の欲求を満たしたい気持ちは僕もわかるが，お母さんの気持ちもすごく理解できる」。立場を変えて考えることができるのは成長の証です。

「僕が主人公の立場だったら立ち直れないかもしれない。約束を守らなかったことで従兄弟に会えなくなってしまった」と主人公の立場に共感しつつ自分自身の考えを述べていました。

道徳性に係る成長の様子に注目した文例

自己評価等に注目した文例

　道徳の自己評価「友達の意見を聞いて，自分にはない考えに気づくことがあった」という項目で「とてもある」に○がついていました。そのような傾向が数時間継続してありました。友達の考えから自分の考えを深めていることがよくわかります。

　今学期の道徳の自己評価を見てみると，主人公の気持ちや考えについて，「『自分だったら』とよく考える」に○連続してついていました。ワークシートの学びにも「私だったら，家族や友達のことを考えて判断する」などの記述が多くなってきました。
　状況に応じて，自分の考えをもち，判断することについて考えています。

　学期終わりの振り返りでは「釣りざおの思い出」が自分で考えた授業のベスト３に入っていたと自己評価しました。約束を守り節度ある行動をとることが，今までの自分を振り返り大切だと学期末の振り返りに書いていました。道徳での学びを生かしたいという記述もありました。

　教材「釣りざおの思い出」を学習する前と後では，自分自身の考え方が変わったという記述が見られました。自己評価でも「友達の意見を聞いて考えが変わった」「友達の意見を聞いてなるほどと思った」などで評価を高くつけていました。

学期間・学年間における成長に注目した文例

　今学期の道徳の授業で○○さんは「自分自身を高めていきたい」という学習感想を多く書いてくれていました。リズムある生活を送ることの大切さや，自律ある生活，目標に向かってがんばることなどについて自分自身の気持ちを高めがんばろうという気持ちが表れていました。

　教材「釣りざおの思い出」の授業では「節度のない行動は時と場合によって大きな間違いになることに気づいた」と書いてありました。学期末の振り返りでは，「自分自身にとっても，リズムある生活を送ることで安定した学校生活が送れた」という記述がありました。学期を通して，道徳の授業での学習をきっかけに意識し自覚が深まったと思います。

　１年間，道徳の時間では多くの教材で自分事として考え，自分なりに考えを深める学習活動ができました。学年末の道徳の振り返りでは「自分自身を大切にし，よりよく生きたい」と振り返りました。中でも，「安全，安心な生活を送るためには自分をコントロールすることが大切だ」と振り返っていました。

NG文例と言い換えポイント

NG文例

「節度，節制」について考える学習を通して，リズムある生活をすることが大切だという道徳的心情が育ってきました。明日からリズムある生活ができるようにがんばるという目標を掲げていました。

> この文例のNGポイントは，「道徳的心情が育ってきました」という部分です。道徳性そのものを評価するような文例は，慎まなければなりません。さらに「……という目標を掲げていました」は行動化につながります。道徳科では心がまえをつくることが大切です。道徳の特質とは異なります。

教材「釣りざおの思い出」の授業においては，教材の主人公に自我関与し，母の心情についても考えることができ，多面的・多角的に考えることができました。

> この文例のNGポイントは，「自我関与」という部分です。通知表は保護者に伝えるものです。わかりやすい表現で示すことが大切です。「自我関与」は「主人公の気持ちに自分を重ね合わせ」などにするとよいでしょう。また，できれば「多面的・多角的」も「それぞれの立場に立って，異なる見方で」などに置き換えると，さらに伝わりやすくなります。

1年間の道徳の授業の振り返りで，「自分の生活を整え，安全・安心に生活することの大切さに気づくことができた」と書いていました。2学期以降，遅刻，早退もなくリズムある生活をすることができました。これからもがんばってもらいたいと思います。

> この文例のNGポイントは，道徳科の評価と道徳教育が混在している点にあります。前半は道徳科における生徒の振り返りをもとに書いていますが，後半は総合所見になっています。後半「2学期以降〜」は書かずに，この1年間の道徳科における学習状況を書いてあげるとよいと思います。
> 　具体的には，「道徳の時間を積み重ねるごとに，自分の経験と道徳の時間での学習を関連づけながら自分事として考えるようになってきました」などです。

（吉田　修）

3章　「特別の教科　道徳」の通知表記入文例　NG文例付　◆　45

A－(3)

向上心，個性の伸長

自己を見つめ，自己の向上を図るとともに，個性を伸ばして充実した生き方を追求すること。

内容項目の解説と授業のポイント

中学校に入学して間もない時期には，他者との比較において自分を捉え，劣等感に思い悩んだり，他者と異なることへの不安から個性を伸ばすことに消極的になったりすることがあります。しかし，学年が上がるにつれて自己理解が深まるとともに，自分なりの在り方や生き方についての関心が高まり，「よりよく生きたい」と願いながら価値ある自己実現に向けて模索するようになります。また，他者と同じように扱われることを嫌うようになり，自分の姿を基準に照らして考え，その至らなさに一人思い悩むことも少なくありません。

自分の短所も自分の特徴の一側面であることを踏まえつつ，かけがえのない自己を肯定的に捉え，自己の優れている面などの発見に努めるとともに，自己との対話を深めつつ，自分自身のよさを伸ばしていくようにすることが大切です。

しかし，自分のよさは自分ではわからないことが多いため，生徒相互の信頼関係を構築し，互いに指摘し合い，高め合うような人間関係づくりが重要となります。

「向上心，個性の伸長」を考える教材として，画家の片岡球子さんを取りあげます（『必ず成功する！　新展開の道徳の授業』日本標準）。片岡球子さんは，自分の描いた絵を「ゲテモノ」と呼ばれるだけでなく，「落選の神様」とも言われ続けた画家ですが，画家の小林古径さんの「ゲテモノと本物は紙一重。ゲテモノを捨ててはいけない」という言葉を支えに，自分の絵を貫き通し，現代日本画の世界をリードする画家となりました。100歳を超えても絵に情熱を燃やし続け，「あんな人はもう100年出てこない」と言われるほどでした。

「片岡さんが認められるようになったのは，どうしてか」を考え，「認められなくても，片岡さんは自分の人生に満足できただろうか」について議論しながら，自分のよさを信じ，あきらめずに自分のやりたいことを貫くことのすばらしさを実感させていきます。

学習状況に注目した文例

授業中の発言・様子に注目した文例

　小林さんの言葉を励みにして，認められなくても自分の個性を貫き通した片岡さんに共感し，人から認められていないことでも自分の特徴の一つであると肯定的に捉え，成果は出ていなくても自分ががんばっていることを全体の場で発表することができました。

　あきらめずに自分のやりたいことを貫いた片岡さんの生き方にふれながら，自分の個性について考え，自分の特徴をしっかりと見つめながら，その特徴を生かした自分の将来の姿を思い描いて，班学習の中で発表することができました。

　片岡さんの生き方を学ぶことで，自分の長所や短所について振り返り，自分のよさを伸ばすにはどうすればよいか，また，自分の短所を長所に転じていくにはどうすればよいかを考えて，ペア学習で発言し合うことができました。

　片岡さんの生き方について議論しながら，今の自分を把握することが大切なことに気づき，班学習の中で，自分の長所や短所をよく分析していました。また，友達から認められた長所も自分の個性として大切にしていきたいという気持ちを伝えていました。

道徳ノート・ワークシートに注目した文例

　片岡さんの生き方について学びながら，自分らしさとはどういうものであるかについて考え，友達との関わりの中で自分らしさを発揮しながら，自分自身が納得できる前向きな生き方をしていきたいということをワークシートに書いていました。

　今の自分をしっかり振り返りながら，自分が伸ばしていきたい自分の特徴をワークシートに書いていました。また，班学習で周りから指摘されることにより，自分の意外な一面が認められていることを知り，自分のよさを発揮した体験を道徳ノートに書いていました。

　自分の個性を大事にした片岡さんの生き方を学びながら，班学習の中でお互いの長所について指摘し合い，自分のよさを発見するとともに，自分のたりない面についても考え，それを克服していきたいと道徳ノートに書いていました。

3章　「特別の教科　道徳」の通知表記入文例　NG文例付　◆　47

道徳性に係る成長の様子に注目した文例

自己評価等に注目した文例

　自分らしさを失わなかった片岡さんのよさについて考えながら，今までは自分の嫌な面しか見えなかったが，自分の中にも伸ばしていきたいよさがあることに気づき，自分らしいよさについて書くことができたと自己評価欄に書いていました。

　片岡さんのあきらめない生き方について学びながら，自分らしさについてあらためて考え，自分らしさを大切にすることが大事だということに気づくとともに，友達の個性も大事にしていきたいと考えるようになったとワークシートに自己評価を書いていました。

　片岡さんの生き方に刺激を受け，自分らしさについて考えるとともに，班学習の中で友達のよさについて考え，そのよさについてお互いに発表することができ，班員でお互いを肯定し合い，認め合うことができたと自己評価シートに書いていました。

　全体交流の場で，片岡さんは認められなくても自分の人生に満足できただろうかということについて，自分が考えたことを発表することができました。また，学習の振り返りの場で，自分らしさを大事にしていくことが自分の幸せにもつながることに気づくことができたと発言していました。

学期間・学年間における成長に注目した文例

　1学期に「向上心，個性の伸長」について学習した時は，自分のよさを発見してワークシートに書くことができましたが，2学期は，自分の短所も自分の特徴の一つであることに気づき，さらに自分のよさを伸ばしていくにはどうすればよいかを考えていました。

　学年当初は，ワークシートに書いた自分の考えを班学習で発言していましたが，片岡さんの生き方について学ぶ学習では，クラス全員の前で自分のよさを発表するとともに，そのよさをさらに伸ばしていく努力をしていきたいと発言していました。

　3学期になると，自分をしっかりと振り返って自分の体験をワークシートに書くようになりました。自分の個性を大事にした片岡さんの生き方を学習した時には，結果が出なくても自分が好きで一生懸命がんばっているという体験を班学習で具体的に語っていました。

NG文例と言い換えポイント

NG文例

　自分の個性を貫いた片岡さんの生き方について学び，自己を向上させていきたいという向上心が芽生え，自分の短所や長所を含めた個性を理解するとともに，それを伸ばしていこうとする道徳的実践意欲が育っています。

> 　この文例のNGポイントは，「向上心が芽生え」と「道徳的実践意欲が育っています」という部分です。まず，「向上心が芽生え」とありますが，向上心の芽生えを何によって評価したのかがわかりません。また，「道徳的実践意欲」は内面的資質のことです。授業において道徳的実践意欲が育ったかどうかは，容易に判断がつきません。「学習状況」や「道徳性に係る成長の様子」を具体的に示す必要があります。

　自分の個性を大事にした片岡さんについて学び，自分の個性について考えることができました。班学習では班員から自分のよさをたくさん発言してもらったので，授業後から性格がどんどん明るくなってきました。また，委員会活動にも積極的に取り組むようになりました。

> 　この文例のNGポイントは，「性格がどんどん明るくなってきました」と「委員会活動にも積極的に取り組むようになりました」の部分です。生徒の性格を表すような表現は客観的なものではありません。また，「委員会活動」は道徳科の学習ではありません。「委員会活動で体験したことを振り返りながら，学習を深めていました」ならば，道徳科の自己を見つめる学習と捉えることができます。

　片岡さんの生き方にふれながら，自分のよさをワークシートに書きましたが，班学習で一人だけ発言することができませんでした。恥ずかしさが前に出たからかもしれません。班員の発言は頷きながら，よく聞いていました。

> 　この文例のNGポイントは「班学習で一人だけ発言することができませんでした」と「恥ずかしさが前に出たからかもしれません」の部分です。道徳科では，生徒のマイナス面を強調したり，他者と比較したりするのではなく，生徒のよさを認め，励ます個人内評価をします。また，「～かもしれません」のように自分の推測や予想による記述ではなく，学習状況や道徳性に係る成長の様子等に着目して記述をします。

（桃﨑　佐知子）

3章　「特別の教科　道徳」の通知表記入文例　NG文例付　◆　49

A-(4)

希望と勇気，克己と強い意志

> より高い目標を設定し，その達成を目指し，希望と勇気をもち，困難や失敗を乗り越えて着実にやり遂げること。

内容項目の解説と授業のポイント

「希望と勇気，克己と強い意志」は小学校中高学年から一貫して，①目標を立て，②困難を乗り越え，③やり遂げることに重きを置く項目です。誰もが「よりよくなりたい」という気持ちをもっています。自分の目指す目標を立て，その実現に向けて日常的に努力し続けることが大切です。時には目標の実現のために，様々な困難を乗り越えなければなりません。逆境から立ち直り，目標に向かって努力し続けるには，困難や失敗を受け止めて希望と勇気を失わない前向きな気持ちや，失敗にとらわれない柔軟でしなやかな思考も求められます。

中学校の段階では，とりわけ自分の好むことや価値を認めたものに対しては，意欲的に取り組む態度が育ってきます。希望と勇気をもって困難を乗り越える生き方にあこがれをもつ年代でもあります。ただ生徒一人一人の発達段階は様々で，あこがれだけで終わることもあれば，目標設定をし，その実現に向けてやり遂げることもあります。「克己と強い意志」という価値は学習の主題として高い位置に据え，そこに向かう生徒の実践（意欲）や気持ちなどを，的確に捉えたいものです。評価（表記）では「やり遂げた」ことを認め励ますよりも，設定した目標やそれに伴う考え方の変化などについて記述することが多くなります。

「希望と勇気，克己と強い意志」を考える教材に，「この人に学ぶ　message メッセージ　松井秀喜」の「僕は一歩ずつ階段を上がっていくタイプだと思います」（「私たちの道徳」文部科学省）があります。松井氏は生徒にとってあこがれの存在です。そんなスーパースターであっても「一進一退を繰り返しながら，ちょっとずつ進歩していくしかないと思っています」と言っています。偉業を達成するには，深い思慮と強い意志をもって挑むことが大切だという考え方につながる言葉です。松井氏の考え方への自我関与を通して，より高い目標を達成するためには何が大切なのかを考えていくようにします。目標を設定することよりも，達成のための意欲や態度，考え方などを重視した学習プロセスとし，評価にも反映させていきます。

学習状況に注目した文例

授業中の発言・様子に注目した文例

　元プロ野球選手の松井秀喜氏についての授業をしました。松井氏になりきって困難や失敗を乗り越えることの大切さを語ってくれました。クラス全体の集中力が増し，目標を目指して着実にやり遂げることについて深く考えることができました。

　他者の発言内容をよく聞き，その人の立場も尊重しながら，反対意見などを全体に発表してくれました。とりわけ目標達成に関わることでは，自分の部活動での失敗談を交えながら，やり遂げるまでの過程とその意義を力強く語ってくれました。

　グループでの話し合いでは，主人公の行動を多面的に捉え，多様な意見を出してくれました。なかなか乗り越えることができない人間の弱さを考えながら，目標に向かってやり遂げるところまで考えが深まりました。

　発言の内容がきわめて斬新で，周囲をうならせるほどです。「はやぶさ」の授業では，はやぶさのあきらめない気持ちを表現しました。多様な考え方ができるのはすばらしいことです。

道徳ノート・ワークシートに注目した文例

　道徳ノートへの記述が的確で，登場人物の気持ちをきちんと捉えることができています。主人公の「強い意志」を考えた時には，ノートへの記述内容を総合的に把握し，強い意志の根本にあるものは，こだわりをもった生き方であるとの考えに至りました。

　授業の「振り返り」での，道徳ノートへのすばらしい記述が顕著です。それまでの他者の発言や議論した内容などが，自分の考えをよりよい方向へと発展させています。それを文章化し表現することに長けているので，次の時間へと思考がつながり，学習効果をあげています。

　道徳の時間の最後には必ず，印象に残ったことや影響を受けた他者の発言をメモし続けてきました。数時間分を振り返った時，一事をやり遂げる強い意志をもつためには，困難を乗り越える忍耐力が重要だと気づきました。

　ワークシートの記述から，希望と勇気をもち困難を乗り越えた主人公に強く共感している様子がうかがえます。目標に向けて努力をし，着実にやり遂げた主人公の追体験をすることによって，自分自身の弱さに勝つことの意義について深く考えました。

3章　「特別の教科　道徳」の通知表記入文例　NG文例付　◆　51

道徳性に係る成長の様子に注目した文例

自己評価等に注目した文例

フィギュアスケートの紀平選手についての授業で，特に感銘を受けていたことが，自己評価からわかります。主人公の努力や成果と，自分自身の部活動への取り組みを重ね合わせて共感を強めました。

自己評価の内容から，目標設定についての考え方に成長が見られたことがわかります。当初は自分のあこがれの姿を目標としていましたが，学習後は目標に向かっての努力や取り組みを継続させることが目標の意義だと考えるようになりました。

教材中の主人公が他者と違う言動をとったことが，授業では議論の争点となりました。このことについての自己評価から，良心に基づいて意志を貫き通した主人公に共感している様子がわかりました。正しいことに向かって希望と勇気をもって実践していく意欲を高めていました。

授業では「学校生活の困難なことから逃げがちになる」という意見を書いていましたが，「振り返り」の記述では，やり遂げた後の爽快感を具体的に記述してくれました。困難や失敗を乗り越えることへの実践意欲が高まりました。

学期間・学年間における成長に注目した文例

スキージャンプの葛西紀明選手の生き方についての授業をしました。1学期に実施した松井秀喜氏の授業の際にも考えた「やり遂げる」意義について，考えがさらに深まりました。自分が達成できたことの背景には，多くの人の支えがあることをきちんと理解しました。

困難に耐え学習することの意義について，2年時は「自分の訓練のため」と考えていました。読み物教材の主人公の振る舞いから，学習することは「自分の人格や寛容さを磨く」という考え方に至りました。「やり遂げる」ことについての視野が大きく広がりました。

自分が設定した目標の達成について，取り組みを振り返る授業をしました。入学当初は，困難を乗り越える意義について発言していましたが，最近はやり遂げるための強い意志を大切にしたいという記述が増えてきました。物事を着実にやり遂げることの意義を自覚できています。

主人公の生き方を通して，目標設定とそれに向けて着実に取り組んでいくことの意義を実感しました。部活引退の喪失感を，次の取り組みへと変えていく強い意志を感じます。

NG文例と言い換えポイント

NG文例

　目標の達成に向けて，苦しいことでもコツコツと努力を続ける真面目な性格の持ち主です。周囲からも信頼され，学校生活の様々な場面で，リーダーとして活躍しています。今後の活躍に期待します。

> 　この文例のNGポイントは，生徒の性格や学校生活の様子について記述していることです。また，道徳科の授業を通して，どのように成長したのかなどの記述がありません。「読み物教材の主人公の生き様にふれ，地道に努力し続けることの意義について，さらに考えを深めました」のようにすれば，道徳科の評価といえるでしょう。

　教材に含まれる価値について深く考え，自分自身のこれまでを振り返りつつ，自分自身の新たなる目標を設定することができました。これまでの学習でよくわからなかったところを整理し，今後の学習方法に生かしてください。

> 　「価値」という用語はあるものの道徳科の評価なのかどうか，他教科や特別活動などでも使えるような表記です。教材と含まれる価値を具体的に示し，考え方の広がりや内面の成長などについて記述するとよいです。「スキージャンプの葛西紀明選手についての授業をしました。主人公と努力家である自分の生き方を重ね合わせ，よりよい目標設定に向けて，具体的に考えました」のような例が考えられます。

　「はやぶさ」の授業では，スタッフの決してあきらめずにやり遂げる姿に感激していたようです。本人は宇宙に興味があるらしいので，そこで繰り広げられた奇跡のストーリーを，きちんと追体験できていたようです。カプセルの再突入では，焼失するはやぶさとプロジェクトの達成という二つの価値による，モラルジレンマが成立しました。

> 　「〜ようです」「〜らしい」などの推測的な表現は，読む者に（教師に）自信がないという印象を与えます。さらに教材の内容に踏み込みすぎたり専門用語を使ったりすると，わかりにくい文章になってしまいます。「〜に感激していました。本人は宇宙開発に興味があるので，スタッフの強い意志に感銘を受け，やり遂げることの意義をより深く理解しました」のようにすれば，文例として適当です。

（丸山　隆之）

A −(5)

真理の探究，創造

真実を大切にし，真理を探究して新しいものを生み出そうと努めること。

🎵 内容項目の解説と授業のポイント

情緒，あこがれ，共感などの道徳的心情が育っていなければ，道徳的認識や判断は形成されません。生徒が豊かな道徳的心情を獲得するためには，リアルで具体的な生き方のモデルと出会う必要があります。理想的なモデルとなる先人・偉人との感動的な出会いは，現実の自己の心をはげしく揺さぶり，「自己形成のエネルギー」となるのです。

道徳授業は，万人に共通する善さを抽象的な概念として理解するだけでなく，自分がどう生きるかを自己に問うものでなくてはなりません。道徳授業で，先人・偉人と「内的対話」を交わすことで，道徳的価値を自覚し，道徳的諸価値の視点で，「このように生きてみたい」と生き方を考え，新たな自分を創造していきます。

さて，本項目の「真理を探究する精神」は，よりよく生きたいと願う自分自身の未来を創り，また，よりよい社会を創る原動力ともなります。本項目に関しては，教材は，共感的活用・感動的活用・範例的活用が適切でしょう。その教材との出会いの中で，「高み」を見，あこがれを抱く。自己をマイナスの視点で見つめさせるのではなく，自分の善さや可能性に気づかせていくのです。

発問は，主人公の気持ちを聞く小さな発問ではなく，人物や教材を問うテーマ発問がよいでしょう。中学校の道徳授業は，「理解させるもの」と捉えるのではなく，「いかに生きるべきかを教師と生徒が共に考えていく授業」が主とならねばなりません。

本項目を考える教材に，「この人に学ぶ　column 人物探訪　湯川秀樹」（「私たちの道徳」文部科学省）などがありますが，以下の先人・偉人もぜひ授業化したいものです。
○伊能忠敬（学問の志を抱いたのは50歳。55歳から71歳まで全国を実際に歩いて測量）
○福沢諭吉（咸臨丸でアメリカに行き，自分の目でアメリカ人の暮らしを見た）
○野口英世（人が嫌がる毒蛇の研究で成果をあげ，ロックフェラー研究所に招かれる）
○エジソン（「天才とは1％のひらめきと99％の努力である」。1879年白熱電球を発明）

学習状況に注目した文例

授業中の発言・様子に注目した文例

　登場人物の役を演じる学習では，役になりきって，その「思い」を積極的に表現しました。また，級友の意見もしっかり聞き，深く考え，自己の生き方を見つめることができました。

　なぜそのような行動をとろうと決めたのか，判断の根拠を明確にして発表し，話し合いを行うことができました。話し合いでは，級友の考えを真剣に聞き，考え方の多様さを受け止め，人間の生き方・在り方を探っていました。

　読み物教材について話し合う場面では，級友の意見を静かに頷きながら聞き，自分の考えを深めていこうとする真剣な姿が見られました。映像を用いた教材では，集中して視聴し，主人公の生き方から人間として学び取りたいことを考えていました。（発言が多くない生徒や考えたことを文章にするのが苦手な生徒の場合）

　教材「伊能忠敬」の学習では，自分の体験とつなげて発言し，様々な立場の意見から，真理を探究して新しいものを生み出していくことのよさについて考えを深めました。これからの自分はどう生きるべきか，考えを記述することができました。

道徳ノート・ワークシートに注目した文例

　級友と話し合う中で，「真実や真理の探究には，どういう心やどのような姿勢が必要であるか」の多様な意見を集約し，それらを分類して，道徳ノートにしっかり書きとめていました。

　主人公の行動や気持ちについて，自分事として考え発表し，その後，級友の考えを真摯に聞き，どういった心が必要であるか，様々な面から考えを深めました。そして，人間の生き方に関する考えを丁寧にワークシートに記していきました。道徳ノートには，「真理を探究する精神を大切にしていきたい」と自分の考えを記述していました。

　教材「福沢諭吉」の学習では，「真実を大切にし，真理を探究するには，自分と異なるものと直接ふれあい，自分の目で確認する姿勢が大切だ」とワークシートに記入し，それを発表して話し合いを深めました。その後，級友の多様な意見を聞いて，その自分の考えをさらに広げ，真実を大切にし，真理を探究するにあたっての重要な姿勢について道徳ノートに記述することができました。

3章　「特別の教科　道徳」の通知表記入文例　NG文例付　◆　55

道徳性に係る成長の様子に注目した文例

自己評価等に注目した文例

　全ての教材の登場人物の思いに寄り添いながら，その悩む思いを自分事として捉え，自分ならどうしていくかということを多角的に考え，意欲的・積極的に意見を述べることができました。

　自分の行動が，自分自身の喜びだけでなく，相手や周りの人たちの喜びにもつながるという視点で，「真理の探究，創造」「親切や礼儀」などの大切さについて深く考えることができました。

　教材「マザー・テレサ」の学習では，「豊かな国にも飢えはある」というマザー・テレサの言葉について深く考えました。そして，世界中の人々の幸せを実現するためにはどうしたらよいか，マザー・テレサの生き方を参考にして級友と議論することができました。級友の考えを聞いて，自分の考えを広げ，その考えを記述することができました。

　教材「野口英世」の学習では，人の嫌がる毒蛇の研究に取り組んだ英世の思いについて話し合い，真理を探究し新しいものを生み出していく生き方について真剣に考えました。教材「エジソン」の学習にも集中して取り組み，「失敗をむだとは考えない。常に肯定的に考えていくプラス思考をもつ生き方が重要である」と，道徳ノートに記述していました。

学期間・学年間における成長に注目した文例

　毎時間，その時間の道徳的問題について深く考え，発表することができていました。ワークシートにも自分の経験に照らして，「どうすればよいのか」「自分ならどうするのか」を具体的に考えて記入していました。

　登場人物の立場や気持ちに寄り添い共感しながらも，自分事として深く考え，堂々と発表することができるようになりました。「野口英世」と「福沢諭吉」の授業では，○○君の考えに，クラスのみんながはっとさせられ，多面的・多角的に考え合う道徳授業ができました。級友は○○君の考えに深く頷いていました。

　1学期は，「新渡戸稲造」「杉原千畝」などの学習の中で，世界の中の日本人としての自覚をもち，他国を尊重し，国際的視野に立って，世界の平和と人類の発展に寄与することの大切さについて話し合い，自分なりに考えを深めました。

NG文例と言い換えポイント

NG文例

級友の役割演技を真剣に見，どんな気持ちで演じているのかを懸命に考えていました。級友の心に寄り添って考えたことをしっかり伝えることもでき，道徳的な心情が育ってきました。

> この文例のNGポイントは，「道徳的な心情が育ってきました」という部分です。道徳性そのものを評価した文例は，慎まなければなりません。道徳性が育ったかどうかは判断が困難ですので，「道徳的判断力が高まりました」などの記述もNGです。

毎時間，級友の発言を真剣に聞くことができていました。意欲的に道徳授業に取り組むことができており，自分にはない考え方や感じ方に出会うことを楽しんでいました。性格が明るく前向きになってきました。

> この文例のNGポイントは，「性格が明るく前向きになってきました」です。生徒の性格等を記述することはNGです。性格に関わる記述は行わないのが原則です。

道徳ノートには，登場人物の行動とよく似た自分の具体的なエピソードを表記し，これからどのように行動していきたいか，どのような自分になりたいかをくわしく書くことができていました。生徒会活動の挨拶運動では，早朝から校門に立ち自ら積極的に声をかけていました。

> この文例のNGポイントは，「生徒会活動の挨拶運動では，早朝から校門に立ち自ら積極的に声をかけていました」です。道徳科の評価は，学校生活における行動の評価ではありません。道徳の時間に関する評価です。学校生活の様子を記述する「登校時の挨拶運動では〜」「委員会活動では〜」「運動会では〜」などはNGとなります。

級友が発表している時は，発表している友達の方に体を向け，目を見ながら真剣に聞いていました。授業中の発言も多く，積極的に発表しました。ノートの記述も丁寧にされていました。

> この文例のNGポイントは，文章全体です。どの教科にもあてはまるような記述はNGです。「授業中の発言も多く〜」「ノートの記述も丁寧〜」などは，どの教科にもあてはまることです。道徳科の学習とわかるような記述をする必要があります。

(赤坂　雅裕)

B−(6)

思いやり，感謝

思いやりの心をもって人と接するとともに，家族などの支えや多くの人々の善意により日々の生活や現在の自分があることに感謝し，進んでそれに応え，人間愛の精神を深めること。

● 内容項目の解説と授業のポイント

「思いやり，感謝」は，小学校では「親切，思いやり」と「感謝」の二つの内容項目に分けられているものが，中学校では統合されているところが大きな特徴といえるでしょう。

「思いやりの心」は，自分が他者に能動的に接する時に必要な心の在り方です。他者の立場を尊重しながら，親切，いたわり，励まし等の行為として現れますが，あえて見守るといった表に現れない場合もあります。そこで必要になるのは，人間に対する深い理解と共感です。単なるあわれみと混同されるべきものではありません。したがって，「友情，信頼」「相互理解，寛容」「家族愛，家庭生活の充実」「よりよい学校生活，集団生活の充実」「国際理解，国際貢献」等，様々な内容項目の根底となる心であるともいえます。

「感謝」の心は，他者から受けた思いやりに対する人間としての心の在り方です。互いに助け合い，協力し合う人間関係を支えている心であり，申し訳ないという気持ちも含まれている場合があります。他者の思いやりにふれ，ありがたいと感じ，素直に受け止めた時，人は感謝の念を抱きます。そして，多くの人々の支えによって今の自分があると自覚するのです。

「思いやり，感謝」を考える教材に，「父の言葉」（『中学道徳1　きみがいちばんひかるとき』光村図書）があります。この教材では，同じ病気でありながら奇跡的に治った幼少期の黒柳徹子さんが，治らず赤い松葉杖で歩く同年代の女の子と出会う場面での，黒柳さんと父親の「思いやりの心」の違いについて考えさせます。思いやりは大切だと理解できていても，勇気がない，素直になれない，気をつかいすぎる，自分が傷つきたくない等の理由で，言葉や行動にできないことがあります。父親の「行ってお話ししてあげなさい」という言葉の意味と，その後の黒柳さんの生き様を考えることを通して，相手の立場に立ち，相手にとってよりよいことを考えて行動しようとする態度を育てます。

学習状況に注目した文例

授業中の発言・様子に注目した文例

　人との関わりに関する学習では，様々な登場人物の立場からそれぞれの人の気持ちを考えた発言が見られました。特に，思いやりについて考える授業では，自分から行動しなければ相手に気持ちは伝わらないと発言し，困っている人を助けたいという気持ちが伝わってきました。

　人との関わりに関する学習では，自分の考えを積極的に発言するだけでなく，人の意見にも耳を傾けて考えようとしていました。特に，思いやりについて考える授業では，相手のしてほしいことを考えずに行動しても，本当の親切にはならないという意見を述べていました。

　人との関わりに関する学習では，自分の意見と比べながら人の意見を聞き，じっくりと考える姿が印象的でした。特に，感謝について考える授業では，ありがたい気持ちを素直に表せない人間の弱さを克服できるようにしたいと，自分の思いを述べることができました。

　人との関わりに関する学習では，親切にしたいけれど知らない人だとできないという友達の意見に共感し，自分自身の生活を見つめて考えていました。特に，思いやりについて考える授業では，知らない人に対しても勇気をもってやさしく接していきたいという思いをもちました。

道徳ノート・ワークシートに注目した文例

　人との関わりに関する学習では，いつも自分の生活を振り返りながら考えていました。特に，思いやりについて考える授業では，自分の悩みを友達が親身になって聞いてくれた経験から，自分も相手が元気になるように声をかけたいとの思いをノートに書くことができました。

　人との関わりに関する学習では，どんな行動をとることがよいのかを常に考えていました。特に，感謝について考える授業では，勇気をもって相手に伝えることで，自分も相手も幸せな気持ちになるという感想をノートにまとめていました。

　人との関わりに関する学習では，いつも自分を真剣に見つめていました。特に，思いやりや感謝について考える授業では，思いはあっても行動に移せない主人公の弱い心に共感しつつ，甘えや自分本位な行動をなくしていきたいという感想をノートに書いていました。

　人との関わりに関する学習では，いつも自分自身に置き換えて考えていました。特に，「父の言葉」の授業では，自分が傷ついてもいいので自分から声をかけると書くことができました。

道徳性に係る成長の様子に注目した文例

自己評価等に注目した文例

人との関わりに関する学習では，相手の立場で考えることができました。特に，思いやりについて考える授業を通して，すぐに助けるのではなく，相手のことを考えて，あえて見守るということも思いやりであるという考えに気づくことができました。

人との関わりに関する学習では，登場人物がとった行為の善し悪しだけでなく，そのようなことをしてしまった心の内面を考えることができました。特に，感謝に関する授業では，主人公の甘えに目を向け，自分はそうならないようにしたいという思いをもつことができました。

人との関わりに関する学習では，最初の自分の考えと友達と話し合った後での自分の考えを比べていました。そのうえで，自分ならどうするかと考えるようになり，自分を見つめた感想をワークシートにまとめていました。

人との関わりに関する学習では，思いを行動に表すことの大切さに気づくことができました。特に，思いやりや感謝について考える授業を通して，まずは自分から親切な行動や明るい挨拶をしていきたいという感想をノートに記述することができました。

学期間・学年間における成長に注目した文例

人との関わりに関する学習では，登場人物の行動を比べそれぞれのよさと問題点を考えていました。特に，感謝に関する学習では，行動に移す人がえらいという考えから，できない人の気持ちに目を向けたうえでどうすればみんなができるようになるかと考えるようになりました。

人との関わりに関する学習では，登場人物の思いに共感するだけでなく，よりよい判断について考えました。特に，思いやりに関する授業を通して，悩んでいる相手と一緒に考えるだけでなく，自分が励ましたり勇気づけたりすることも大切という思いをもつことができました。

人との関わりに関する学習では，自分も相手も幸せになるにはどうすればよいかを考えることができました。特に，思いやりの学習を通して，自分が我慢して相手を喜ばせるのは本当の思いやりではなく，お互いに相手のことを思いやることが大切だということに気づきました。

人との関わりに関する学習では，相手の立場に立つとはどういうことかを考えることができました。まずは，自分の気持ちを正直に伝えることが相手を知ることになると気づきました。

NG文例と言い換えポイント

NG文例

　思いやりについて考える授業では，役割演技に意欲的に取り組み，主人公になりきった迫真の演技で，級友から称賛されました。この演技を通して，自分の思いだけでなく，相手の望んでいることを考えて行動することが本当の思いやりであるということに気づきました。

　この文例のNGポイントは，「役割演技に意欲的に取り組み，主人公になりきった迫真の演技で，級友から称賛されました」という部分です。役割演技そのものを評価することは，道徳科の目的ではありません。例えば，「思いやりについて考える授業では，教材中の人物になりきって演じることを通して，自分の思いだけでなく，相手の望んでいることを考えて行動することが本当の思いやりであるということに気づきました」というようなかたちであれば，道徳科の評価といえるでしょう。

　授業では積極的に発言し，ノートには自分の考えだけでなく友達の考えもしっかりと書くことができました。特に感謝について考える学習では，相手に感謝されると自分もうれしくなり感謝したくなるという気持ちをノートに書いていました。

　この文例のNGポイントは，「積極的に発言し，ノートには自分の考えだけでなく友達の考えもしっかりと書くことができました」という部分です。これは，どの教科にもあてはまる記述であり，道徳科ならではの評価ではありません。例えば，「授業では，自分の立場に置き換えた発言をするだけでなく，ノートに書いた友達の考えと比べて，いろいろな立場から自分の考えを深めていました」というようなかたちであれば，道徳科の評価といえるでしょう。

　思いやりや感謝について考える学習では，多面的・多角的な視点から自我関与し，道徳的心情だけでなく道徳的実践意欲と態度が育ちました。日常生活の中でも人を思いやる言動が見られ，やさしい性格なので友達から慕われています。

　この文例のNGポイントは，「自我関与」「道徳的心情」「道徳的実践意欲と態度」などの専門用語が多用されている部分です。例えば，「授業では，いろいろな立場の人の気持ちや自分ならどうするかという視点から考え，自分から親切にしていきたいという思いをもちました」というようなかたちであれば，道徳科の評価といえるでしょう。また，後半の日常生活についての記述は，行動の記録に書くべきです。

（松野　卓郎）

B-(7)

礼儀

礼儀の意義を理解し，時と場に応じた適切な言動をとること。

内容項目の解説と授業のポイント

「礼儀」は，他者に対するものであり，身につけておくべき外に表すかたちであると考えられます。しかし，単なる形式的な行為ではなく，心のこもった「時と場に応じた」言動でなければ相手に伝わりません。心とかたちが一体となって初めてその価値が認められるのです。ですから，小学校の同様の内容項目と比較すると，「礼儀の意義を理解する」ことが求められている点が大きな特徴といえるでしょう。

では，「礼儀の意義」とは何でしょう。小学校までの学習や生活を通して，生徒は，挨拶や時と場に応じた言葉づかい，立ち居振る舞い，慣習などを教えられます。その点で，礼儀には，長い歴史を通じて培われ受け継がれてきた文化としての意義があります。

もう一つは，人間関係を円滑にする社会生活の潤滑油としての意義です。相手の人格を認め，相手に対して尊敬や感謝の気持ちを具体的に示すことで，その社会固有のほどよい距離を保つことができ，互いを結び合わせることができます。

これらのことから，礼儀とは，他者を敬う態度や振る舞いであり，社会規範も含まれ，内面にある他者を愛する心が表れた礼節をわきまえた行為であるといえます。

「礼儀」を考える教材に，「一枚のはがき」（『中学校道徳の指導資料とその利用1』文部省）があります。この教材は，若い頃遠方の叔父家族に世話になった筆者が礼状を書かずにいたところ，叔父からその兄である父へのはがきによって自らの非礼に気づかされ，恥じ入り深く後悔した体験談です。

中学生の時期は人に親切にされたら感謝の気持ちを表すことの大切さはわかっていても，かたちだけの礼儀作法に反発を感じたり面倒くさいという気持ちから後回しにしたりして礼を欠いてしまうこともよくあります。そんな生徒たちに，心からの歓迎をしてくれた叔父の心と「礼状という礼儀」を怠ったために感謝の気持ちを伝えられなかった筆者の心の違いを比較することで「一枚のはがき」のもつ小さな礼儀の意義を考え，自分の心や言動を見つめさせます。

学習状況に注目した文例

授業中の発言・様子に注目した文例

　人との関わりに関する学習では，相手の立場に立つとはどういうことかを考え，話し合いに参加していました。特に，礼儀について考える授業では，形式的な挨拶や言葉づかいでは相手に失礼になり，相手のことを思えば自然に心のこもったものになるという発言に感心しました。

　人との関わりに関する学習では，友達と話し合う中で，よりよい関わりについて考えていました。特に，礼儀について考える授業では，一方的に自分の思いを押しつけるのではなく，時と場に応じた振る舞いが大切だという意見を述べていました。

　人との関わりに関する学習では，登場人物の気持ちに寄り添い，その立場になりきって考えていました。特に，教材「一枚のはがき」の学習では，主人公の心の弱さを実感し，礼儀はタイミングを逃してはいけないという自分の思いを述べることができました。

　人との関わりに関する学習では，友達の考えに耳を傾け，じっくりと考える姿が印象的でした。特に，礼儀について考える授業では，「礼儀は何のためにある」という話し合いを通して，互いが気持ちよく生活するために礼儀は必要だとの思いをノートに書くことができました。

道徳ノート・ワークシートに注目した文例

　人との関わりに関する学習では，日常生活の自分と教材の登場人物を比べてよりよい関わりについて考えていました。特に，礼儀について考える授業では，自分が後悔しないようにというだけでなく，相手の気持ちに立つからこそ大切という思いを道徳ノートに書いていました。

　人との関わりに関する学習では，いろいろな立場に立って考えた自分なりの結論を，ワークシートにしっかりと書くことができていました。特に，礼儀について考える授業では，礼状や挨拶は，相手のためばかりでなく，自分のためにも必要だという考えを書くことができました。

　人との関わりに関する学習では，自分ならどんな気持ちになるだろうという視点から考えていました。特に，礼儀について考える授業では，もし失礼なことをされたらと相手の立場に立って考え，だから礼儀は大切だとの感想をノートに書いていました。

　人との関わりに関する学習では，いろいろな登場人物の立場から考えていました。特に，「一枚のはがき」の授業では，憎まれ役になった叔父の気持ちを考えた意見を書いていました。

3章　「特別の教科　道徳」の通知表記入文例　NG文例付　◆　63

道徳性に係る成長の様子に注目した文例

自己評価等に注目した文例

人との関わりに関する学習では，自分も相手も気持ちよく過ごすために大切なことについて，考えを深めることができました。特に，礼儀について考える授業を通して，他人でも親しい間柄でも関係なく，相手を大切にしなくてはいけないという考えに気づくことができました。

人との関わりに関する学習では，自分が尊敬されたり感謝されたりするとうれしくなるから，相手に対しても同じ思いを伝えたいとの考えをもつことができました。特に，礼儀に関する授業では，主人公の甘えに目を向け，自分中心ではいけないとの考えを書くことができました。

人との関わりに関する学習では，主人公の思いと，同じ場面に出会った時の自分の気持ちを比べて考えていました。特に礼儀に関する授業を通して，自分ならこうすると考えるようになり，ワークシートにその理由も書くことで，自分の考えを深めていました。

人との関わりに関する学習では，自分の思いを行動に移すことの大切さに気づくことができました。特に，礼儀について考える授業を通して，恥ずかしかったり面倒くさかったりする気持ちに負けず，自分から実践していきたいという感想をノートに記述することができました。

学期間・学年間における成長に注目した文例

人との関わりに関する学習では，みんなが自分勝手なことを言うと人間関係がおかしくなるという考えをもつことができました。特に，礼儀に関する学習では，みんなができる世の中にするためには，まずは自分から行動することが大切だと考えることができました。

人との関わりに関する学習では，頭ではわかっているのに素直な行動や正しいと思う行動をとれない主人公の気持ちについて考えていました。特に，礼儀に関する授業を通して，人はなぜ失礼なことをしてしまうのかという問題について，自分なりの考えをもつことができました。

人との関わりに関する学習では，常に自分自身を振り返って考えることができました。特に，礼儀についての学習を通して，時と場に応じた振る舞いをすることは，相手のためだけでなく，自分のためにもなるということに気づいた感想を書いていました。

人との関わりに関する学習では，何気ない一言で心があたたかくなるという考えをもつことができました。だから自分も一言一言を大切にする人になりたいという感想に感心しました。

◆ NG文例と言い換えポイント

NG文例

　礼儀について考える授業では，自分の考えを発言することができませんでした。しかし，ノートには友達の意見や自分の考えが書かれており，人の考えをきちんと聞いたうえで自分なりに礼儀の大切さを考えようとしていたことがわかりました。

> 　この文例のNGポイントは，「発言することができませんでした」という部分です。マイナス面の記述は避け，一貫してプラス面を評価したいものです。例えば，「礼儀について考える授業では，礼儀の大切さについて友達の意見を聞きながらじっくりと考え，自分なりの思いをノートにまとめていました」というようなかたちであれば，道徳科の評価といえるでしょう。

　礼儀についての学習では，一番真剣に考えクラスの誰よりも多く発言し，かたちだけではなく相手を思う心が大切だという自分の考えをもちました。授業後は今までにもまして自分から進んで挨拶するようになり学校中に挨拶の輪を広げようと積極的に挨拶運動に取り組みました。

> 　この文例のNGポイントは，「一番真剣に考えクラスの誰よりも多く発言し」という部分です。他の生徒と比較することは，たとえ認め励ます評価であっても，個人内評価として行う道徳科の評価にはなじみません。例えば，「かたちだけではなく相手を思う心が大切だという自分の考えをもち，しっかりと発言していました」というかたちであれば，道徳科の評価といえるでしょう。また，「積極的に挨拶運動に取り組みました」という部分も問題です。授業の成果とは言いきれないからです。あくまで道徳科の授業での生徒の学習状況をもとに記述しましょう。

　「一枚のはがき」の授業では，主人公が学生の頃に礼状を出さなかったことを大人になった今でも悔やんでいることから，それだけ深く心に残ったと考えたようです。礼儀に関して，親切にしてもらったら感謝の気持ちを相手に伝えるという道徳的判断力が身につきました。

> 　この文例のNGポイントは，「考えたようです」という部分です。何を根拠にそう見取ったのかがわかりません。教師の推測は避け，「心に残ったと思う，と書いていました」のように，具体的な学習状況を述べたいものです。また，「道徳的判断力が身につきました」という道徳性に関する観点別評価は避け，「親切にしてもらったら必ず感謝の気持ちを伝えるようにしたいとの思いを発表しました」のように，生徒の学びの姿を記述しましょう。

（松野　卓郎）

B−(8)

友情，信頼

友情の尊さを理解して心から信頼できる友達をもち，互いに励まし合い，高め合うとともに，異性についての理解を深め，悩みや葛藤も経験しながら人間関係を深めていくこと。

🎵 内容項目の解説と授業のポイント

「友情，信頼」は，「B　主として人との関わりに関すること」に含まれる内容項目です。学級活動のみならず，部活動や委員会活動等で友達との関わりが多くなり，良好な人間関係が潤いのある学校生活に欠かせません。この時期に深まった友人関係が，今後の人生や将来，生き方に影響を及ぼすようなケースもあります。ですから，中学校で特に重視したい内容項目の一つです。

また，この内容項目は，「信頼，友情，異性についても理解」などの文言が小学校高学年で使われ，つながりが意識されています。しかし，小学校以上に，深い価値の理解と尊重が求められたり，悩みや葛藤を乗り越える克己心や自律心なども重要になったりしてきます。

信頼の根幹は，友達の人間性に賭けることであり，互いの個性を認め合うことです。自他によさがあり，最後まで信じ，互いに認め高め合う存在であることを理解するのです。そうすることで，相手に親しみを感じたり，尊敬したりする心も育んでいくことになります。

しかし，時には困難な状況や難題に直面することがあります。見解の相違からすれ違いを起こしたり，衝突したりする場面もあります。こうした悩みや葛藤を経験し克服することで，人間関係が強固になり，真の友情へと進化していきます。

「友情，信頼」を考える教材には，「励まし合い高め合える生涯の友を」「異性を理解し尊重して」（「私たちの道徳」文部科学省）などがあります。また，教科書の読み物教材では，身近な友人関係や偉人の伝記，格言集などを取り扱っています。「友人間のトラブルで悩み，苦しみながら，問題を克服し，他者（友人）への理解を深める」といった内容が多いのが特徴です。ですから，授業では，問題解決的な学習や役割演技などを取り込みながら，問題解決力，道徳的な判断力や心情を深めていくような活動を積極的に進めていきます。

学習状況に注目した文例

授業中の発言・様子に注目した文例

　「友情，信頼」の授業では，話し合いの活動において，「友達という存在」について，「共に高め成長するのが本当の友達」と述べ，自分の考えを明確に主張していました。また，話し合いの最後には，「信頼」がその根底にあることを気づき，発言していました。

　友達の意見を傾聴し，自分の考えと重ね合わせながら新たな考えをつくる姿が印象的でした。「友情，信頼」の授業では，発表者に視線を向け意見を聞いたり頷いたりして話し合いに参加していました。グループ内での活発な意見交換により，多様な見方や感じ方をしていました。

　「友情，信頼」の授業では，「苦しんでいる友達を守りきった主人公」を演じていました。理想と現実のギャップを考えながら演じた後，「主人公のようにはできないが，どんな時でも友達を信じ，助け合う気持ちの大切さには共感できる」といった自分なりの考えをしっかりともって発言していました。

道徳ノート・ワークシートに注目した文例

　主人公の行為について，「真の友情」といった観点を大切にし，「友達として，どのように行動したらよいか」をワークシートに書き込んでいました。ワークシートに書き込まれた「友情とは，いつでもぶれずに信じ続けること」との信念あふれる言葉が，力強く印象的でした。

　ワークシートに書く活動を「自分自身との対話」と位置づけて，じっくりと考える姿が見られました。「友情，信頼」の授業では，時間をかけて「相手と認め合い，励まし合うことで信頼関係が生まれること」をワークシートに書き込み，考えを深めていました。

　道徳ノートには，「これまで・今日の考え，これから」の観点から，「友情，信頼」の授業を振り返っていました。「表面的なつきあいのため，相手を傷つけないようにしていた」と自分の行為を振り返り，「相手のことを思い，時には注意することが大切である」と記述していました。授業での学びを考えて書き込んでいました。

　授業では，異性についての理解を深め，ワークシートに「同性・異性を問わず互いに相手のよさを認め合い，尊重することが大切である」と自分の気づきを書き込んでいました。

3章　「特別の教科　道徳」の通知表記入文例　NG文例付　◆　67

道徳性に係る成長の様子に注目した文例

自己評価等に注目した文例

「友情，信頼」に関する内容の自己評価では，「とても考えた」というA評価をしていました。読み物教材での主人公の行為をいろいろな立場から考え，よりよい生き方を考えている発言には自信が感じられ，自己評価で示したように充実した学びとなりました。

教材中の問題場面や主人公の悩みなどを「自分だったら」の観点で考えるようになっています。そのような，「自分事として……」をいつも意識しながら授業に臨み，考えを深めていることを自覚していました。

友達の考えを参考にしたり感化されたりしながら，自分なりの思いをもつようになっています。自己評価を見ますと，友達の意見から多様な考えを聞き，それをもとに，自分の意見を明確にしたり，他者の発言のよさにも気づいたりするような記述をしていました。

学期間・学年間における成長に注目した文例

2回の「友情，信頼」の学習を通して，「真の友情を築くには，相手を尊重し，よさを認め合うことが大切である」と強い考えをもつようになりました。その根底には「愛」が存在すると考えていたのも，すばらしい気づきです。「深い友情」を追い続け，気づくことができた1年間でした。

年間を通した「友情，信頼」の授業を通して，友情に対する深い学びが生まれていました。当初は，互いに助け合うのが友達だと思っていたのですが，次第に「切磋琢磨するようなライバルも大切な友達であり，親友である」と考えるようになりました。

1年間の学習を通して，友達に対する理解と尊敬が一段と深まってきました。授業では，異性・同性を問わずに意見を傾聴して，自分の考えをまとめていました。友達との相違を考えながら，自分の考えや価値観を確立しようとする姿が印象的でした。

3年間を通して，「友情，信頼」での教材が最も印象に残っていると話してくれました。友人との良好な関係を築くために，どのようにしたらよいか，相手の気持ちはどうだろうか，などを道徳の授業で考えてくれていました。

♣ NG文例と言い換えポイント

NG文例

　友達と協力しながら部活動を行い，テニスの大会では，見事準優勝することができました。ペアとよく話し合い認め合いながら，苦しい場面を乗り越えた成果だと思います。この活動を通して，友達と信頼し合い，やり遂げることの大切さに気づくことができました。

　　この文例のNGポイントは，部活動の場面を取りあげ，その姿を中心に記述していることです。好成績を収めたことは，すばらしい努力だと思いますが，このような道徳的実践は，総合所見で述べた方がよいと思います。ですから，このような場面を道徳の時間での発言に生かす方が適切です。例えば，「部活動での体験をもとに，友情を深めるために，登場人物がどのように行動したらよいかを考え，発表しました」などです。あくまでも，道徳科での授業の様子について記述した方が適切です。

　道徳科の授業では，主人公の行為や気持ちを考え，どのようにしたら問題が解決し，友達との信頼関係が修復されるかを考えていました。その結果，問題解決力が高まるとともに，「友情，信頼」に対する理解が深まり，「友情，信頼」を大切にする道徳性も高まってきました。

　　この文例のNGポイントは，「道徳性も高まってきました」のところです。道徳性は，1時間の授業で簡単に高まるものではありません。じっくりと長期にわたって高まっていくものです。ですから，評価にあたっては，安易に道徳性が高まってきたことを述べることはふさわしくありません。それよりも，授業での発言や気づき，人との関わりなどから，どのような考えをもつに至ったかなど，授業での様子や変容を丁寧に見て記述することが望ましいです。

　道徳の時間では，登場人物の心情を深く考えたり，場面の様子や状況も的確に捉えたりしていました。ワークシートに書き込む字も丁寧でとても見やすかったです。

　　この文例のNGは，道徳の時間での「考え，議論する」生徒の姿について，まったくふれられていないことです。作業が丁寧なのは大切なことですが，本時のねらいとはかけ離れています。ですから，道徳科の授業では，あくまでも，自分との関わりで考えたり，多面的・多角的な視点から事象や人物の気持ちで考えたりすることが肝要です。

(尾身　浩光)

B−(9)

相互理解，寛容

　自分の考えや意見を相手に伝えるとともに，それぞれの個性や立場を尊重し，いろいろなものの見方や考え方があることを理解し，寛容の心をもって謙虚に他に学び，自らを高めていくこと。

🔴 内容項目の解説と授業のポイント

　今回の学習指導要領の改訂で，自分の考えや意見を相手に伝えるという内容が新たに加わりました。受け身の姿勢で相手を受け入れ続けるという表面的な関係ではなく，お互いに相手のことを認め合うことができる力を養わなければなりません。そのためには，自分の考えや意見を発信することにより，相手との違いを明らかにする必要があります。そのうえで相手のことを尊重し，考えや意見の違いを理解することにより，自分自身も成長することについて理解を深めさせていかなければなりません。

　中学生という時期は，自我が次第に確立し自分らしさというものが出てくる時期でもあります。この時期の，自分とは異なる多くの個性との出会いは，成長への大きな糧となります。授業で扱う教材は，自分とは違う個性の持ち主と出会う場でもあります。この出会いを通して，他に学ぶ心がまえや態度を育てていく必要があります。自分の個性を自覚し，謙虚な気持ちで自分にはたりない考えを取り入れ，成長できるような授業を構想してください。

　自我が確立していくと，自分の考えや立場に固執し物事を眺めがちになります。しかし，そうしたものの見方が，偏見や差別，いじめにつながることもあります。いじめ防止の視点からも，この内容項目を大切にして学習を進めたいです。正しいことをきちんと発言することと，多様な個性を認め，それぞれの違いを大切にできる態度を育むことは，いじめを許さない態度を身につけさせることにつながります。

　また，考え，議論する道徳授業では，自分の考えや意見を相手に伝える必要があります。この姿勢は全ての授業で必要となります。内容項目にかかわらず，授業で生徒が自分の考えや意見を明らかにすることを適切に評価し，相手の考えや意見を認めて理解することを大切にしていく授業を，日常より実践する必要があります。

学習状況に注目した文例

授業中の発言・様子に注目した文例

　積極的に自分の考えを授業で発表しました。特に，教材「○○○○」の授業では，発表してくれた意見が，自分の考えだけで物事を進めていいのかを考えるきっかけとなりました。様々な角度から考え，自分の意見としてまとめる姿に感心しました。

　自分だったらどうするかを考えることで，自分と同じ部分や違う部分に気づくことができ，自分の考えを深めることにつながりました。特に，教材「○○○○」の授業では，登場人物の行為を自分と重ね合わせて考えることができました。

　登場人物の行動を考える葛藤教材では，自分と違う意見や立場を理解しようとしていました。自分とは逆の意見の考え方を取り入れながら自分の意見に反映させ，積極的に発言していました。周囲の意見を謙虚に受け止めて，よりよい考えを生み出すことができました。

　グループの中で意見交換をする際に，中心となって活動しています。自分の考えをしっかりと周囲に伝え，話し合いを進めることができます。

道徳ノート・ワークシートに注目した文例

　意見が合わずにバラバラになった学級についてを教材とした授業では，自分がその立場だったらどうするかを真剣に考えることができました。ワークシートに，解決方法についてまで考えがまとめてあり，感心しました。

　登場人物の行動から，相手に自分の考えを伝えることは難しいことを強く感じている様子がうかがえました。道徳ノートには，考えが異なる意見とぶつかった時に，できるかどうかわからないが，これからの生活に生かしたいと，自分の思いをまとめてくれました。

　道徳ノートに書かれた短い言葉に，たくさんの思いがこめられていることがわかりました。「主人公の気持ちもわかる」という言葉には，全部ではないけれど納得できる部分があることを話してくれました。教材と向き合って一生懸命に考えを深めていました。

　たくさんの人がいると考えも様々あり，何か一つのことを決定することがいかに難しいかを真剣に考えました。道徳ノートに自分なりの解決策を考えて書くことができていました。自分自身でよりよい方法を考えていく姿勢がすばらしいと思います。

3章　「特別の教科　道徳」の通知表記入文例　NG文例付　◆　71

道徳性に係る成長の様子に注目した文例

自己評価等に注目した文例

　自分の考えを正しく伝えることの難しさに気がついたようです。登場人物の行動の賛否を考える授業では，自分の考えを様々な理由づけをして説明することが，相手に自分のことを理解してもらうことや相手を理解することにつながることについて考えることができました。

　自分とは違う考えの中にもよい考えがあり，それを取り入れることにより，自分の中にさらによい考えが生まれることに気づいたことがうかがわれます。特に，教材「〇〇〇〇」の授業では，登場人物の考えに共感していました。

　授業では積極的に発表に取り組みました。主人公が他人の過ちを許す姿から，その生き方に感動し，自分も広い心をもちたいという思いを深めたようです。自分の生き方をイメージしてまとめることができました。

　対立する意見のそれぞれの立場に分かれて考えた授業では，相手の意見を聞いて，どちらも納得のできる方法を考えていました。

学期間・学年間における成長に注目した文例

　今学期の道徳授業学習の振り返りを行った際に，周囲の意見と合わずに孤立する登場人物を見てどうすべきか考えたことが，一番一生懸命学習した授業だと考えていました。自分を見つめて考えることができることはすばらしいと思います。

　1学期に扱った生徒同士の意見の対立場面についての教材では，主人公の思いに共感し自分が正しいと思っても実現することは難しいという思いを強めていました。しかし2学期に入り，自分の思いの実現には周囲の人の思いを考えて進める必要があると考えるようになりました。

　授業後に交わす言葉に，授業中の言葉が増えてきました。特に，教材「〇〇〇〇」の学習では，いろいろな人の考えを自分の考えに取り入れる必要性を感じ，自分の力だけで正しい結論を出さなくてもよいと考えて，肩の力が抜けたと話していました。

　今までは，道徳シートには授業の感想の記述が多かったですが，主人公に共感したり，自分自身を振り返ったりした内容が増えてきました。今学期の授業での「様々な人の考えを大切にしながら，自分の考えをまとめていきたい」という考えには感心しました。

NG文例と言い換えポイント

NG文例

　意見が合わずにバラバラになった学級についてを教材とした授業では，自分がその立場だったらどうするかを真剣に考えることができました。学級委員としても寛容の気持ちを大切に，学級をまとめています。

> 　この文例のNGポイントは，「学級委員としても寛容の気持ちを大切に，学級をまとめています」です。学級委員としての取り組みは総合所見に書くべきで，道徳科の評価ではありません。学級委員の経験を踏まえた生徒の発言等が道徳の授業の中であれば，それを捉えて記述できますが，日常の学級委員の姿としての記述は難しいと考えます。

　授業では積極的に発表に取り組みました。主人公が他人の過ちを許す姿から，その生き方に感動し，自分も広い心をもちたいという思いを深めたようです。寛容の気持ちが少しずつ身についてきています。

> 　この文例のNGポイントは，「寛容の気持ちが少しずつ身についてきています」です。道徳性そのものを評価するような文は慎まなければなりません。寛容について捉えられる学習状況を具体的に記述しましょう。

　道徳ノートには，あまり記述は多くありませんが，教材と向き合って一生懸命考えを深めていました。

> 　この文例のNGポイントは，「道徳ノートには，あまり記述は多くありませんが」という部分です。生徒のマイナス面ではなくプラス面を捉えて記述します。様々な評価方法を使って，生徒のプラス面を見取る努力をしなければなりません。生徒を認め励ます評価となるように心がけましょう。
> 　道徳ノートへの記述が少ないことを踏まえて，生徒の学習状況や道徳性に係る成長の様子を授業後の面接により捉えることで，次のような文も考えられます。
> 　「道徳ノートに書かれた短い言葉に，たくさんの思いがこめられていることがわかりました。『主人公の気持ちもわかる』という言葉には，全部ではないけれど納得できる部分があるという思いがあることを話してくれました。教材と向き合って一生懸命考えを深めていました」

（笠井　善亮）

C−⑽

遵法精神，公徳心

法やきまりの意義を理解し，それらを進んで守るとともに，そのよりよい在り方について考え，自他の権利を大切にし，義務を果たして，規律ある安定した社会の実現に努めること。

● 内容項目の解説と授業のポイント

「遵法精神，公徳心」は，小学校の同様の内容項目と比較すると，「法やきまりのよりよい在り方について考えること」と「規律ある安定した社会の実現に努めること」まで言及されていることが大きな特徴といえるでしょう。小学校高学年では，「法やきまりの意義を理解した上で進んでそれらを守り，自他の権利を大切にし，義務を果たすこと」となっていましたが，中学校では他律的に守るだけにとどまらず，自律的に守るようになることが求められています。

思春期を迎えると，法やきまりのことを「自分たちの自由を縛りつけるもの」と感じてしまうことがあります。しかし，一人一人が自分勝手なことを自由に行えば，結果として個人の自由は奪われてしまいます。そのため，法やきまりを変えることも含めて，よりよい在り方について考えることが必要となります。また，自分の権利だけでなく他人の権利も尊重することで，互いの主張が調和するようになります。そして，自らの義務をきちんと果たすことが，規律ある安定した社会を実現させることにつながります。

「遵法精神，公徳心」を考える教材に，「二通の手紙」（「私たちの道徳」文部科学省）があります。この教材では，動物園の入園係をしていた元さんと入園希望の姉弟との交流を通して，遵法精神について考えます。親と一緒にこられない事情のある姉弟が，入園終了時刻を過ぎているのに入園を希望してきた時，元さんは保護者同伴でなければならないという規則を知っていながら，二人を園に入れてあげます。閉門時刻を過ぎても二人は戻ってこず，大勢で捜索すると，園内の池で遊んでいた二人が発見されました。

その後，元さんには，二通の手紙が届きます。一通は，姉弟の母親からの感謝の手紙で，もう一通は，園から懲戒処分を下された手紙です。保護者同伴でなければならないという規則の意義を考えることを通して，遵法精神について考えを深めることができる教材です。

74

学習状況に注目した文例

授業中の発言・様子に注目した文例

　授業では，一人の立場だけから規則について考えるのではなく，自分勝手な行動が他の人に対してどのような影響を及ぼすかについても踏まえたうえで規則の意義を考え，なぜ規則を守ることが大切なのかについて自分の考えを発表することができました。

　法やきまりの意義について考えることで，「守らなければならないから」という理由からだけではなく，「みんなが過ごしやすい社会をつくりたいから」という理由から，法やきまりを守りたいという気持ちを発表することができました。

　グループでの話し合いを通して，社会においてみんなが幸せに暮らすためには，自分の考えをただ主張するだけでなく，他の人の考えも尊重して生活することが大切であることについて自分の考えを深めていました。

　学級全体での話し合いの時には，クラスメイトが考えた法やきまりを守る意味についての意見を真剣な表情で聞き，意見の中で自分が共感できる部分には，頷きながら話し合いに参加することができました。

道徳ノート・ワークシートに注目した文例

　授業後のワークシートから，これまでに考えていた法やきまりの意味と，クラスメイトが発表した意見とを比べながら，規則を守ることの大切さへの理解を一層深めることができたことが読み取れました。

　道徳ノートから，ただ自分勝手なことをすることを自由と呼ぶのではなく，自分の権利に加えて他の人の権利もきちんと守ることが，みんなが過ごしやすい社会をつくることにつながるということを学んだことが読み取れました。

　ワークシートでは，自分のこれまでの生活を振り返り，法やきまりは自分を縛りつけるものと考えるのではなく，自分からその意味を考えて守ろうとするものであるということの理解を深めていました。

　道徳ノートでは，法やきまりの意味を考えることの大切さを感じることができたかという質問に〇をつけ，自分が学んだことを振り返ることができました。

3章 「特別の教科　道徳」の通知表記入文例　NG文例付　◆　75

道徳性に係る成長の様子に注目した文例

自己評価等に注目した文例

　これまでは先生に言われるから守るものだと考えてきた法やきまりについて，自分からその意味を進んで考えて生活することが大切なのだということや，法やきまりが自分たちの生活をよりよくしているということに気づくことができました。

　みんなが積極的にやらなければならない義務を果たそうとすることでよりよい社会が実現するということについて考えを深め，これからはやらなければならないことを自らやっていこうとする意欲を高めていました。

　人に言われてからきまりを守ろうとするのではなく，自分からきまりの意味を考えて守ることが大切であることに気づき，それをこれからの生活で実現していこうとする気持ちをもつことができました。

　自分がやってよいことだけでなく他の人がやってよいことも考え，お互いの気持ちを尊重しながら関わることが，みんなが気持ちよく生活できる社会をつくるということを学び，生活の中で意識していこうとする意欲をもつことができました。

学期間・学年間における成長に注目した文例

　この学期での学習を通して，自分がもっている権利だけでなく他の人がもっている権利のことも考えながら行動することが大切であるということに気づき，遵法精神への理解を深めることができました。

　2学期の学習では，自分がやらなければならない義務をきちんと果たすことがよりよい社会を実現することへとつながっていることを知り，よりよい社会を実現することに対する意欲をより強くしていました。

　1年間の学習を通して，社会において公徳心を実現することの大切さへの理解を深め，自分が社会に出て生活する際には公徳心を意識しながら行動していきたいという気持ちをもつことができました。

　1年間の学習で，法やきまりの大切さについて考え，クラスメイトの意見を聞きながら自分の考えと比べることを通して，法やきまりの意義について理解を深めることができました。

● NG文例と言い換えポイント

NG文例

なぜ自他の権利を尊重することが大切なのかについて考える学習を通して，日常生活の中で法やきまりを進んで守ろうとする遵法の精神が育ってきました。

> この文例のNGポイントは，「遵法の精神が育ってきました」という部分です。道徳性そのものを評価するような文は慎まなければなりません。例えば，「なぜ自他の権利を尊重することが大切なのかについて考える学習を通して，法やきまりを進んで守ることの大切さについて理解を深めることができました」というようなかたちであれば，道徳科の評価といえるでしょう。

法やきまりの意義について考える学習を通して，自分も規則をきちんと守ろうという気持ちが高まり，学校生活では以前よりも学級や学校の規則をきちんと守って生活するようになってきました。

> この文例のNGポイントは，「学校生活では以前よりも学級や学校の規則をきちんと守って生活するようになってきました」という部分です。学校生活での実際の行動は，総合所見などに書くべきで，道徳科の評価ではありません。例えば，「法やきまりの意義について考える学習を通して，自分も規則をきちんと守ろうという気持ちが高まりました」というようなかたちであれば，道徳科の評価といえるでしょう。

以前の授業では，法やきまりを守る意義について少ししかワークシートに書けませんでしたが，1年間の学習を通して，その意義についてワークシートにたくさん書くことができるようになりました。

> この文例のNGポイントは，「少ししかワークシートに書けませんでした」という部分です。以前がどうであったのかを引き合いに出しすぎると，いかに成長したかではなく，以前はいかにだめだったかが強調されてしまいます。また，もう一つのNGポイントは，「たくさん書くことができるようになりました」という部分です。もちろん，たくさん書けるようになったことが成長を示す場合もあるのですが，これでは文の量だけに着目していて，学びの質に対する評価をおろそかにしています。例えば，「法やきまりを守る意義について，多くの面から考えを書けるようになりました」というようなかたちであれば，道徳科の評価といえるでしょう。

（中野　真悟）

C −(11)

公正，公平，社会正義

正義と公正さを重んじ，誰に対しても公平に接し，差別や偏見のない社会の実現に努めること。

内容項目の解説と授業のポイント

「公正，公平，社会正義」は，「C　主として集団や社会との関わりに関すること」に含まれる内容です。よりよい友人関係づくりだけでなく，社会正義の実現に寄与するきわめて重要な内容項目といえます。また，いじめ問題，社会的弱者への差別や偏見の解消といった人権的な問題など，今日的課題への対応の推進役も担っています。小学校から重視されている内容ですが，特に中学校では，差別や偏見のない共生社会の実現に向けての態度育成も目指しています。

正義や公正さを重んじるためには，事実や状況をしっかりと受け止め，正しい判断をもとに，実践できることが求められます。自分勝手な解釈や安易な方向に流されることなく，不正を憎み許さないといった信念を強くもち，最後まで粘り強くあきらめずに解決に向けて努力することが大切です。他者の考えも傾聴し，多面的・多角的に考えることも大切です。

また，この内容は，学年が上がるにつれて，現実の社会への矛盾や葛藤，諸問題に目を向け，理想社会の実現に向けて，その一歩を踏み出すことが期待されています。そのために，社会での公民的分野の学習や人権教育との関連を図りながら有機的に指導を進めていきます。

「公正，公平，社会正義」を考える教材は，前述のように「広がり」を意識して構成されています。1年生では，校内の人間関係に関わる諸問題を中心に取り扱い，学年が進むにつれて，国際的な人権運動や人種問題などを教材とするケースが多いです。共生を意識し，他者を尊重して認め合い，よりよい社会を築こうとする態度の育成を目指しているからです。

授業を進めるにあたっては，複眼的な視野で，多面的・多角的な思考ができる発問や話し合いを積極的に導入します。そして，弱者や苦しい立場の人に寄り添う共感的な心情，問題場面で主体的に考え，適切な行為を選択する判断力，社会の矛盾や課題を克服し，正義の実現を目指すような実践意欲や態度を高めていきます。

学習状況に注目した文例

授業中の発言・様子に注目した文例

「公正，公平，社会正義」の授業では，話し合いの活動で「正しいと思うことを貫き，信念に基づいて実行することが大切である」と発表しました。また，「周囲の目を気にして安易な方向に流されないようにしたい」など自己を厳しく見つめている発言も印象に残りました。

いじめを取り扱った教材では，当初，グループ内で「どうしたら問題が解決するか」を話し合っていました。しかし，次第に解決策だけではなく，いじめを生み出す人の心（内面）について深く考えました。そして，「不公平を許さない心こそが大切であり，全ての人がもたないと意味がない」ことに気づき，クラス全体に力説していました。

3年生での「公正，公平」の授業では，「苦しみ迫害を受けている世界の人々」の状況に接し，「博愛の精神から差別や偏見のない社会を築きたい」と発言しました。一番よくないことは，「無関心でいること」と述べ，自分たち一人一人が「自分事」として，平等な社会を築き，社会正義を実現することの重要性について強調しました。

道徳ノート・ワークシートに注目した文例

主人公の行為について，「規則の尊重」だけでなく，「公正，公平」の観点からも考え，どのような行為が望ましいかワークシートに書き込んでいました。そして，誰に対しても同じ行為をすることが大切なだけでなく，「相手が望んでいることを想像し，尊重することが大切である」と記述していました。

ワークシートには，自分の考えのみならず，グループ内の考えも記入し，自他の考えを比較しながら，「社会正義を実現するためにどのような行為を選択したらよいか」を考えました。友達の様々な考えが書かれているワークシートを読み返しながら，最も適切な行為や方法を考え出そうとする姿が見られました。

1時間の終末に，道徳ノートを使って「これまで・今日の考え，これから」の観点から，授業を振り返っていました。これまでの自分が自己中心的であったことを内省し，不正や不公平を許さない社会の実現に向かって，自分のできるところから進めたいといった前向きな記述が見られました。

道徳性に係る成長の様子に注目した文例

自己評価等に注目した文例

　「公正，公平，社会正義」の自己評価では，「まあまあ考えた」というＢ評価をしていました。しかし，読み物教材で主人公の行為を様々な立場から考え，よりよい生き方を模索しての発言や，１時間の授業を振り返った記述からは，社会正義を実現したいという強い思いが十分に感じられました。

　いじめに関する内容では，問題場面や主人公の悩みなどを「自分だったら」の観点で捉え，望ましい言動を考えていました。また，振り返りの場面では，困難な状況から逃げそうになる自分を戒め，「いじめに積極的に立ち向かっていきたい」と記述し，そのための努力をいとわないと書いてもいました。授業を通して，変容する自分を十分に自覚しています。

　友達やグループの意見を参考にし，異同を考えながら授業に参加していました。公正，公平な社会の実現のために，どのようにしたらよいかといったテーマのもと，様々な意見を受け止めながら，自分の意見をつくり出していく様子がうかがえました。

学期間・学年間における成長に注目した文例

　４回にわたるいじめに関わる内容の授業から「いじめでは，無関心でいることが最もよくない」ことに気づき，傍観することなく立ち向かうことが大切であると考えるようになりました。その際，友達と協力することで正義と公正を実現できることを力強く述べるようになったことも大きな変容です。

　道徳科で取り扱ったいじめや人権問題について，「公正，公平，社会正義」の観点から捉えようとしています。「日常生活の何気ないささいなことにもいじめの芽が存在する。それを見逃してはならない」と考えるようになって，ものの考え方や見方がこれまで以上に深まっていることを自覚していました。

　年３回の「公正，公平」の学習を通して，世界平和やよりよい社会の実現を自分事として考えるようになってきました。差別や偏見などの社会的問題，人権問題にも関心を示し，公正な社会のために，自分がどのように生きていったらよいかを，真剣に論じるようになってきました。また，友達と真剣に意見交換を進め，考えを深めていきました。

NG文例と言い換えポイント

NG文例

友達と協力しながら係活動や委員会活動を進めていました。誰とも分け隔てなく接し，にこやかに振る舞う姿が，学校生活で数多く見られました。吹奏楽部では，トランペットのパートリーダーとして，下級生に対しても親切に指導していました。

> この文例のNGポイントは，学校生活での活動の場面を取りあげていることです。取り組んでいる活動やその姿はすばらしいと思いますが，その記述は総合所見で述べた方が適切です。ですから，「公正，公平に振る舞うことができた理由や気持ちを考えたり，読み物教材での主人公の行為と比較したりして，考えを深めていました」といったように授業での様子を記述した方が望ましいと思います。

「公正，公平，社会正義」の授業では，主人公の置かれた状況を理解し，とるべき行動を考え，適切な道徳的判断力や道徳的態度を育てていました。道徳性の高まりが授業で十分に感じられました。

> この文例のNGポイントは，「道徳的判断力や道徳的態度を育てていました。道徳性の高まりが〜」のところです。道徳性の諸様相や道徳性は，1時間の授業で簡単に高まるものではありません。長期にわたって醸成されるです。ですから，評価にあたっては，安易に道徳性が高まってきたことを述べることはふさわしくありません。それよりも，授業中の気づきや発言がどうであったか，多面的・多角的な考えができていたかなど，生徒の姿を具体的に記述することが望ましいです。

道徳の時間では，登場人物の心情を深く考えたり，場面の様子や状況を的確に捉えたりしようと，実際に演じていました。主人公になりきって上手に演じていました。周りの友達からも称賛されていました。

> この文例のNGポイントは，「主人公になりきって上手に演じていました」という部分です。役割演技では，演じることの巧拙は問いません。演じることによって，「どのようなことを感じ，思ったか」などの気づきが重要になってきます。ですから，「演じることを通して，登場人物への共感を強めた発言をしたり，よりよい関係をつくりたいと出た自然な言葉に，あたたかさを感じたりしました」といった文面の方がふさわしいと思います。

（尾身　浩光）

C−(12)

社会参画，公共の精神

社会参画の意識と社会連帯の自覚を高め，公共の精神をもってよりよい社会の実現に努めること。

● 内容項目の解説と授業のポイント

「社会参画，公共の精神」の内容項目は，中学校のみに独立して記されているものです。小学校での「勤労，公共の精神」が，中学校では「勤労」として記されています。すなわちこの内容項目では，働くことの意義や将来の生き方というよりも，社会の一員としての自覚を育て，様々な活動などに積極的に関わろうとする生徒を育てることが大切です。中学生であれば，自分たちの生活する社会全体が様々な人々の相互の支え合いによって成り立っていることは理解しているし，互いに励まし合ったり，助け合ったりすることの大切さも学んでいるはずです。それに加えて「公共の精神」とありますから，自分たちの身の回りよりも大きな，社会全体の利益ということについても考え，行動できるようにしなければなりません。入学したての頃は，まだまだ社会全体に目を向けている生徒は少なく，公民を学習する３年生であっても，国家社会の形成者の一員ということを意識できる生徒は少ないはずです。ですから，特別活動や総合的な学習の時間と結びつけながら，日常の様々な教育活動も含め，その内容を理解させ生徒たちの心を育てていくことが必要なのではないでしょうか。

具体的には，普段行われている学級内での活動や生徒会活動などを生かし，生徒たちが主体的に活動できるものに積極的に関われるよう指導・援助をすることが大切です。一人一人の力が結集することにより，成功という大きな喜びが得られることを体験することも，中学校では大切な活動となるでしょう。また，林間学園や修学旅行で訪れる地域について学習する際に，その地域の歴史とともに，人々のために努力した郷土の先人たちについて学習する機会を設けます。そして帰校した後に活動を振り返る折に，読み物教材などを活用し道徳科の授業で価値についてもう一度考える機会をつくることもできるでしょう。また，３年生では社会科で公民的分野を学習しますので，日本の政治の仕組みや発展の歴史を学ぶ際に，社会のために活動することの大切さなどをあわせて学んでいくことも大切なのではないでしょうか。

学習状況に注目した文例

授業中の発言・様子に注目した文例

「社会の一員としての自分」について，真剣により深く考える姿が見られました。友達の意見に耳を傾けながらも，よりよい社会を築いていくためには，多くの人々が協力して取り組むことが大切だと熱心に語っていたのが印象的でした。

友達の「社会は自分たちの手で築いていくもの」という発言に共感し，さらに自分の考えを大きく広げて考えることができました。様々な立場を考えながらも，社会全体のメリットは何かを真剣に考え，発表していました。

「僕たちの未来」の授業では，自分が地域の清掃活動に参加した経験を仲間たちに熱心に語ってくれました。その言葉の力強さが，クラスの一人一人に，「地域の中の自分」について真剣に考えるよい機会を与えてくれることとなり，充実した話し合いを行うことができました。

「紙芝居」の授業を通して，誘われて参加したボランティア活動に取り組む中で喜びを見つけた主人公たちの姿を自分自身に置き換えて考え，発言していた姿が印象的でした。「自分も誰かの役に立つ活動をしてみたい」とその思いを熱心に語っていました。

道徳ノート・ワークシートに注目した文例

授業の振り返りでは道徳ノートに，「どんな仕事も社会の一員として大切な役割を担っていることにかわりはないし，自分の職業から喜びを感じられるように努力することが必要だ」と自己の学びを力強く記していました。

○○さんの道徳ノートには，授業を通して「砂浜の清掃活動」にクラブの仲間たちと参加した経験を思い出し，自分が地域の一員としての自覚をもてたことや故郷を大切に思う気持ちに気づいたことが書かれていました。そして，これからも様々な活動に積極的に参加したいという思いが綴られていました。

「自分は地域の一員として，何をしてきたのだろう。この授業を通してあらためて真剣に考えることができた。これから自分にできることを考えて取り組んでみたい」。○○君のワークシートに書かれていたことです。自分自身を振り返り，授業の学びを通して考えた思いが綴られていました。

3章　「特別の教科　道徳」の通知表記入文例　NG文例付　◆　83

道徳性に係る成長の様子に注目した文例

自己評価等に注目した文例

「今まで考えてみたこともなかったけど，自分はこの地域の一員として何をしてきたのだろう。授業を通して，初めて考えることができた」。〇〇君のワークシートに書かれていた言葉です。自分自身を振り返って，これからの生活の在り方を真剣に考えていました。

「今日は『少しでも人々の役に立ちたい』という思いから，ボランティア活動に熱心に取り組んでいる人たちがたくさんいることを知った。いつも以上に『自分にもできることはないか』と真剣に考えることができた」。いつも授業の振り返りを確実に行っていた〇〇君ですが，特に地域の活動について，これから積極的に参加したいと抱負を述べていました。

「『地域の一員として』津田中の取り組みを読んで，中学生でも地域のために役に立つ活動ができることがわかった。今日は，『自分たちでできること』について，みんなでしっかりと考え，話し合うことができた」。自己評価は5段階中の5，その真剣さが伝わってきました。

「今日の授業で，『選挙は税金を使う人を選ぶこと』だと初めて考えた。みんなと一緒に，自分たちがどう政治に参加していくか真剣に話し合うことができた」。自己評価シートに書かれた言葉のように，自ら関わることが大切と考えていました。

学期間・学年間における成長に注目した文例

道徳科の授業を重ねるごとに，教材の登場人物たちについての感想を言うだけではなく，授業を通しての新たな学びや自分が気がついたことについて，クラスメイトの前で自信をもって発表できるようになりました。特に仲間との関わりについて振り返り，様々な自分自身の活動と結びつけて考えることができたことには，大きな成長を感じます。

1年間を通して様々な教材を学んできましたが，〇〇君はいつも真剣に自分の意見を堂々と発表してきました。特に社会との関わりについての学習では，どんな時でも地域の一員として積極的に様々な活動に関わるべきだと，仲間たちに力強く語っていたのが印象的です。

道徳科の学習を繰り返していく中で，クラスの仲間たちや学校全体を考えた発言が増えました。特に3年生として何ができるのか，何をしなければならないか，教材の中の登場人物たちの姿に自分たちを重ねて様々な意見を堂々と発表することができるようになったことは，〇〇君の大きな成長の証です。

● ＮＧ文例と言い換えポイント

ＮＧ文例

　教材「僕たちの未来」の学習を通して，社会のために何かをすることの大切さを理解しました。「人々のために役立ちたい」と生徒会役員の一員として募金活動を計画し，仲間と共に街頭募金を実施するなど，積極的に活動しています。

　　この文例で注意したいのは，①「〜の大切さを理解しました」と，②「生徒会役員の一員として〜するなど，積極的に活動しています」です。①については，その判断を誰が何によってしたのかということがわからないので，「社会の一員としての〜の大切さに仲間との話し合いの中で気づき，自らの考えを深めていました」などへ，②については，総合所見等で記すべきことなので，「生徒会役員としての経験を踏まえながら，社会のために活動することの大切さを，授業の中で仲間たちに熱心に語っていました」という表現であれば，道徳科の評価といえるでしょう。

　教材「鳩が飛び立つ日」の学習を通して，「誰かのために何かをすることは，人間として気持ちがよいことである」ということを学び，自らもクラスの仲間たちのために積極的に行動しようとする姿が見られるようになりました。

　　この文例のＮＧポイントは，まず「『誰かのために何かをすることは，人間として気持ちがよいことである』ということを学び」というところです。行動することそのものが気持ちがよいということではありませんし，教師の価値観の押しつけともなりかねません。また，「自らもクラスの仲間たちのために積極的に行動しようとする姿が見られるようになりました」というのも，道徳科の評価ではなく総合所見で書くべきことです。「『人々のために何かをすること』について，仲間たちの発言から真剣に考え，ノートに自分のこれからの思いを書いています」等であれば，道徳科の評価といえるでしょう。

　道徳科の授業を通して社会の一員としての意義を理解し，誰もがどんな仕事に対しても，真剣に取り組むことが大切であると語っていました。

　　この文例のＮＧポイントは，道徳性を評価していると誤解されやすいところです。「どんな仕事でも社会の一員として取り組むことは大切だと仲間たちの発言から真剣に考えていました」等のように道徳性そのものの評価にならないよう注意が必要です。

（大舘　昭彦）

C −⒀

勤労

> 勤労の尊さや意義を理解し，将来の生き方について考えを深め，勤労を通じて社会に貢献すること。

🎯 内容項目の解説と授業のポイント

「勤労」は，小学校高学年の内容項目には，「働くことや社会に奉仕することの充実感を味わうとともに，その意義を理解し，公共のために役に立つことをすること」とあり，それについて学んできています。小学校でのねらいを捉え，中学校では　勤労の尊さを重んじる生き方をもとに，社会における自らの役割や将来の生き方等についてしっかり考えさせることが大切です。

保護者や地域の方に，外部講師として働くことの意味や大切さについて語ってもらう機会を設けることで効果が上がります。また，体験的な学習を生かし，働くことの重要性について理解を深めさせることが重要です。キャリア教育と関連させ，職場体験活動やボランティア活動，福祉体験活動などの体験活動を生かすなどの工夫をし，道徳教育と道徳科を関連づけることで効果が上がります。道徳科と道徳教育を関連づけカリキュラム・マネジメントの視点から授業を行うことが求められています。

勤労を通して，社会貢献に伴う喜びを自らの充実感に変えることを生徒一人一人に体得させ，心から満足でき，生きがいのある人生を実現しようとする意欲にまで高めたいです。

「勤労」を考える教材に，「掃除の神様が教えてくれたこと」（『中学生の道徳　明日への扉１年』学研）があります。ディズニーランドの清掃員である主人公とその指導員の仕事に対する思いに焦点をあてた教材です。主人公は，「掃除の神様」と呼ばれる指導員と出会い指導員の仕事に対する意識の高さにふれ，今までの自分を省みます。指導員の仕事に取り組む姿，主人公の気持ちの変化を通して勤労の尊さや意義について考えることができます。主人公が清掃員の仕事に誇りをもって取り組もうとするまでの気持ちの変化に着目させ，そこから訪れる人々のことを考えて仕事をすることが自分の仕事に対する誇りにつながったことに気づかせ，奉仕の精神をもって取り組もうとする勤労の尊さや意義について考えさせたいです。

学習状況に注目した文例

授業中の発言・様子に注目した文例

「一つ一つの仕事には，きちんとした意味があると思う。私たちの仕事にもちゃんと意味がある」とクラスの中で発言しました。教材を通して，自分たちの仕事にも責任があるということを捉え，仕事の大切さについて考えを深める発言をしていました。

教材「掃除の神様が教えてくれたこと」の授業で「チャックさんがどうして掃除の神様と呼ばれるようになったか」を班で意見交換している時に「責任をもって人のために尽くしたいという気持ちがある。大切なことだと思う」と発言し仕事に対する理解を深めていきました。

「今日の授業から学んだこと」をみんなの前で発表する時に，「最初は自分が考えていた仕事に就くことができなかったことを後悔していたが，どんな仕事にも意義があり大切だということがわかった。仕事は自分のためだけでなく，みんなの幸せのためにすることも必要なのかなということを感じました」と働くことの意義について深く考えることができました。

友達の「仕事は自分の夢をかなえることも大事だと思う」という意見に対して，「それも大切だけど，みんなのために働く大切さも必要だと思う」と他者の意見を尊重しながらも，自分の意見を述べ，考えを深めていきました。友達の意見を参考にしながら主体的に自分の意見を述べる姿が見受けられました。

道徳ノート・ワークシートに注目した文例

道徳ノートには，黒板の内容を自分なりにわかりやすく整理し，自分の考えを深める工夫をしています。4人組での意見交換では，自分と異なる意見については色ペンを使って考え方の違いを整理しました。学習感想には，「私の考えと他の人の考えの違いがわかった。意見交換をすることで，いろいろな考えを聞くことができた。自分自身の考えをもつことができた」という記述がありました。

道徳のワークシートの「学習感想」には，「私も，クラスで自分がしたかった仕事に就けなかったことがあった。その時は，どうでもいいやという気持ちになったが，今日の学習を通して仕事は好き嫌いでなく，どれもがみんなのために行うという大切な意義があることがあらためてわかった。これからは，どんな仕事でも人のためにがんばろうという気持ちがもてた」という記述がありました。仕事に対し，授業を通して前向きに捉えがんばろうという意欲が高まってきました。

道徳性に係る成長の様子に注目した文例

自己評価等に注目した文例

「勤労」について，授業前と授業後では自分自身の考え方に変化があったかという自己評価では「大きく変わった」という欄に丸がついていました。

「学習感想」にも，「授業前は，やりたい仕事が一番だと思っていたけれど，みんなのために働くことが大切」との記述がありました。

「今日の教材はよかったか」という項目で「とてもよかった」に印がありました。「私もディズニーランドで踊りたいというのが小さい時からの夢でした。でも，自分の夢がかなわなかったとしても人のために働くことの大切さを今日の教材から学ぶことができました。自分自身の考えを広げていきたいとも思いました」という記述がありました。働くことの大切さと夢の実現のためにがんばってもらいたいと思います。

学期間・学年間における成長に注目した文例

学期終わりの振り返りでは教材「掃除の神様が教えてくれたこと」が自分で考えた授業のベスト３に入っていたと自己評価しました。仕事の大切さや仕事の意義について，今までの自分を振り返り大切だと学期末の振り返りに書いていました。道徳での学びを生かしたいという記述もありました。

今学期の道徳の授業で，○○君は「将来の夢を実現するために，みんなのために必要とされる人になりたい」という学習感想を多く書いてくれていました。集団や社会の中で大切なことは何かをしっかり考えました。常に自分事として考えることができました。

教材「掃除の神様が教えてくれたこと」の授業では「仕事はみんなのためにすることが大切だと思う」と書いていました。学期末の振り返りでは，「僕も将来社会に出て仕事に就く時には，みんなのためになれるようにがんばりたい」という記述がありました。学期を通して，道徳の授業での学習をきっかけに意識し自覚が深まったと思います。

１年間，道徳の時間では多くの教材で自分事として考え，自分なりに考えを深める学習活動ができました。学年末の道徳の振り返りでは「『掃除の神様が教えてくれたこと』の授業では考えることが多かったです。何でも人のために行い，そうすることで社会が成り立っていると思う」と振り返りました。

NG文例と言い換えポイント

NG文例

　今学期の道徳の時間での授業に対する取り組みは，教材「掃除の神様が教えてくれたこと」ではしっかりと考えられて満点です。興味のある課題については考えを深められています。自分の興味がわかない内容についてもがんばれるといいと思います。

　この文例のNGポイントは，「〜と考えられて満点です」という表現です。道徳の時間は数値などを使って表現しないようになっています。この表現も数値で評価したものと同じになります。また「自分の興味がわからない内容についてもがんばれるといいと思います」という表現もよくありません。所見では生徒の学習状況を否定的に捉えることは避けます。生徒のよさを後押しするような表現にあらためるべきです。

　この文例だと，「今学期の道徳の時間では教材『掃除の神様が教えてくれたこと』の授業で自分事として考えを深めました。ここはという時にしっかりと考えることができました。毎回の授業を大切にすることで成長していくと思います」などだとよいと思います。

　職場体験活動では，職場体験先でがんばっている姿を見ることができました。道徳の時間に学んだ教材「掃除の神様が教えてくれたこと」が生かされた成果だと思います。日数をこなすにしたがって，仕事も手際よく行え，職場体験先の職員からもほめられるようになりました。道徳の時間で学んだことを実践できて結果につながっていると思います。

　この文例のNGポイントは，職場体験活動という体験活動と道徳の時間を関連づけ，道徳の授業を行ったことで職場体験先での行動が成功したと結論づけている点が問題です。また，「実践できて結果につながっている」という表現は行動化を評価していることになります。道徳の時間では，内面的資質を育てることになっています。道徳の特質を考えての評価になっていない点が問題です。あくまでも道徳の時間についての評価を行うことです。ただし生徒自身が職場体験活動後の感想に「道徳の時間で学んだことを，職場体験先で仕事をするにあたり，意識して考えることができた」等の記述をした場合には，その生徒の考えを生かして書くことは可能です。

　例えば，「職場体験活動後の学習感想には，道徳の時間での学びを生かすことができたと書いていました。自分なりに道徳の時間と体験を結びつけながら自分事として考え実践する意欲が高まっていると思います」などだとよいと思います。

（吉田　修）

C −(14)

家族愛，家庭生活の充実

父母，祖父母を敬愛し，家族の一員としての自覚をもって充実した家庭生活を築くこと。

内容項目の解説と授業のポイント

「家族愛，家庭生活の充実」は，22項目の14番目に示されている内容項目です。小学校の同様の内容項目と比較すると，「家族の一員としての自覚をもって充実した家庭生活を築くこと」まで言及されていることが大きな特徴といえるでしょう。

小学校高学年では，「父母，祖父母を敬愛し，家族の幸せを求めて，進んで役に立つことをすること」となっていましたが，中学校では進んで役に立つだけにとどまらず，家族の一員としての自覚をもつようになることが求められています。

学年が上がって自我意識が強くなると，父母や祖父母の言葉に反抗的になってしまうことがあります。しかし，近年は家族構成が多様になったことで，かつてのように大家族で人間関係を学ぶことが難しくなっています。そのため，子供の視点からだけでなく，家族それぞれの立場になって気持ちを考えられるようにすることが大切です。そしてそれを踏まえて，父母や祖父母を敬愛する気持ちを一層深めることが必要となります。また，家庭生活の在り方が人間関係の基礎となっていることを理解し，家族の一員としての自覚をもって役割を考えられるようになることが大切です。

「家族愛，家庭生活の充実」を考える教材に，「一冊のノート」（「私たちの道徳」文部科学省）があります。この教材では，認知症の祖母をもつ中学生の主人公が祖母との交流を通して家族について考えます。両親が共働きのぶん，祖母に身の回りの世話をしてもらってきた主人公と弟は，1〜2年前から物忘れがひどくなってきた祖母にとまどい，時には怒りの感情をぶつけます。父に相談しても，今後祖母の症状はひどくなるばかりであることを告げられます。ある日主人公は，祖母が日頃のことを綴った一冊のノートを見つけます。その中には，家族と共に過ごせる感謝とともに，自分でも症状がどうにもできずにいる苦悩が書かれていました。主人公だけでなく祖母や他の家族の立場からも多面的・多角的に考えることを通して，家族の一員としての在り方について考えを深めることができる教材です。

90

学習状況に注目した文例

授業中の発言・様子に注目した文例

授業では，中学生としての自分は家族に対してどのような役割をもつかも踏まえたうえで家族について考え，どのように家族と関わるとよいのかについて自分の考えを発表することができました。

家族の一員としての役割について考えることで，「これまで自分のことを支えてくれた家族に感謝したい」という気持ちや，「みんなが幸せに過ごせるよりよい家族にしたい」という気持ちを発表することができました。

グループでの話し合いを通して，家庭において家族みんなが充実した生活を送るためには，自分の都合を言うだけでなく，家族の立場にも立って行動することが大切であることについて考えを深めていました。

学級全体での話し合いの時には，クラスメイトが考えた家族の在り方についての意見に対して耳を傾け，自分が納得できると感じた意見は，頷きながら話を聞くことができました。

道徳ノート・ワークシートに注目した文例

授業後のワークシートから，これまでに考えていた家族の在り方と，クラスメイトが発表した意見とを比べながら，家族の一員としての自覚をもつことの大切さへの理解を一層深めていることが読み取れました。

道徳ノートから，小学生の時のように親にいろいろなことをやってもらうのではなく，自分から考えて家族のために働くことが，よりよい家庭生活をつくることにつながるということを学んだことが読み取れました。

ワークシートから，自分のこれまでの生活を振り返り，親の言葉をわずらわしいものと考えるのではなく，支えてくれていることへの感謝の気持ちをもって関わっていこうとする意欲をもったことを感じることができました。

道徳ノートでは，家族の一員としての役割を考えることの大切さを感じることができたかという質問に○をつけ，自分が学んだことを振り返ることができました。

3章 「特別の教科 道徳」の通知表記入文例 NG文例付 ◆ 91

道徳性に係る成長の様子に注目した文例

自己評価等に注目した文例

これまで家族が自分の生活を支えてきたことに気づき，家族に言われるから手伝うのではなく，自分から家族のためになることを探して働くことが大切なのだという考えを深めることができました。

やらなければならない家事について，それを自分から積極的にやろうとすることで，よりよい家庭生活が実現するということについて理解を深め，これからは家族のためにできることを自らやっていこうとする意欲を高めることができました。

家族に言われてから家事を手伝おうとするのではなく，家族の一員としての自覚をもって自ら働くことが大切であることに気づき，それをこれからの家庭生活で実現していこうとする気持ちをもつことができました。

自分がやりたいことだけでなく家族の気持ちも考え，お互いに支え合いながら関わることが，家族みんなが幸せに生活できる家庭をつくることを学び，家庭生活の中で意識していこうとする意欲をもつことができました。

学期間・学年間における成長に注目した文例

この学期での学習を通して，自分の立場だけでなく，家族の立場のことも考えながら家庭で生活することが大切であるということに気づき，よりよい家庭生活の在り方への理解を深めることができました。

2学期の学習では，自分がすることになっている家事だけでなく，自分が家族のためにできることを考えて生活することがよりよい家庭生活を実現することへとつながっていることを知り，家族のために働こうとする意欲を高めていました。

1年間の学習を通して，家庭において自分の役割を自覚することの大切さへの理解を深め，自分が家族のためにできることは家族の立場を考えながら実行していきたいという強い気持ちをもつことができました。

1年間の学習では，よりよい家庭生活について考え，クラスメイトと対話することを通して，家族の一員としての役割について考えを深めることができました。

● NG文例と言い換えポイント

NG文例

　なぜ家族の一員としての役割を果たすことが大切なのかについて考える学習を通して，家族の一員としての自覚が高まってきました。

> 　この文例のNGポイントは，「家族の一員としての自覚が高まってきました」という部分です。道徳性そのものを評価するような文は，慎まなければなりません。例えば，「なぜ家族の一員としての役割を果たすことが大切なのかについて考える学習を通して，家族のために自ら働くことの大切さについて理解を深めることができました」というようなかたちであれば，道徳科の評価といえるでしょう。

　よりよい家庭生活の在り方を考える学習を通して，家庭生活を充実させようという気持ちが高まり，家族が自分を支えてきてくれたことに対して感謝する手紙を書くことができました。

> 　この文例のNGポイントは，「感謝する手紙を書くことができました」という部分です。学校生活での実際の行動については，道徳科の評価ではありません。例えば，「よりよい家庭生活の在り方について考える学習を通して，家庭生活を充実させようという気持ちが高まりました」というようなかたちであれば，道徳科の評価といえるでしょう。

　学習前は，家庭において行っている家事が他の生徒より少なかったですが，１年間の学習を通して，家庭において行っている家事を増やしたということをワークシートに書くことができるようになりました。

> 　この文例のNGポイントは，「他の生徒より少なかった」という部分です。該当生徒のよさを認め励ます個人内評価なのですから，他の生徒と比較することは道徳科の評価としてふさわしくありません。また，もう一つのNGポイントは，「家庭において行っている家事を増やした」という部分です。家庭生活における実際の行動の変化を書くことも適切ではありませんし，家事を増やしたのにはどのような気持ちがあったのかという動機を見ず，行動の変化しか見ようとしていません。例えば，「家庭において行う家事を増やしたいという気持ちをもつようになりました」というようなかたちであれば，道徳科の評価といえるでしょう。

（中野　真悟）

C－(15)

よりよい学校生活，集団生活の充実

> 　教師や学校の人々を敬愛し，学級や学校の一員としての自覚をもち，協力し合ってよりよい校風をつくるとともに，様々な集団の意義や集団の中での自分の役割と責任を自覚して集団生活の充実に努めること。

内容項目の解説と授業のポイント

　「よりよい学校生活」や「集団生活の充実」について小学校では，①よりよい学級・学校をつくっていくことと，②役割を自覚して集団生活を充実させることを中心に学習します。

　中学校の段階では，内面の成長とともに，集団の一員としての自覚が高まってきます。この自覚は集団を敬愛するだけにとどまらず，集団の一構成員である自分を俯瞰して，謙虚で公正な言動へと発展していきます。他の内容項目とも関わらせながら精神面の成長を促すことが重要です。また，集団の一員としての自覚が次第に高まっていくのにあわせて，学級，学校，地域社会などの集団における相互理解を深め，人間的な成長を遂げさせるのによい時期です。一方で，自我意識が高まりつつある中で利己的な振る舞いをしてしまったり，集団への一体感を優先させ，いじめにつながるような排他的な言動をしてしまったりすることもあります。授業ではそのような考え方にも対応・指導できるように準備したいものです。

　「よりよい学校生活，集団生活の充実」を考える教材に，「読んでみよう　column『旅立ちの日に』」（「私たちの道徳」文部科学省）があります。今では，卒業式の定番として全国で歌われている「旅立ちの日に」の制作秘話です。埼玉県秩父市立影森中学校に赴任した小嶋校長と音楽の坂本先生は，学校を歌の力で変えようと考えていました。ある日，運動部で活躍した男子生徒たちが合唱部の応援で本気で歌う姿をきっかけに，学校の空気が変わり始めました。このような動きに心を打たれた校長と坂本先生は，「旅立ちの日に」を制作します。その合唱が先生たちから卒業生へと贈られたという実話に基づく話です。一人の先生の願いが生徒に伝わり，やがてそれが集団を向上させ，校風となったのです。授業では登場人物の心情を考えるために，歌詞を吟味したり，役割演技を取り入れたりするのも効果的です。集団生活の向上は，個人の向上につながることをきちんと押さえましょう。

94

学習状況に注目した文例

授業中の発言・様子に注目した文例

合唱曲「旅立ちの日に」についての授業では，主人公の坂本先生になりきって，学校や生徒への思いを語ってくれました。真剣になりきって演じてくれたおかげでクラス全体の集中力が増し，学校での集団生活の向上について，深く考えることができました。

よりよい学校生活を考える場面では，自分の生徒会活動での失敗談を交えながら，それを成功させるまでの努力などについて力強く語ってくれました。他者の発言内容をよく聞き，その人の立場も尊重しながら議論し，よりよい集団の在り方についての考えを深めました。

グループでの話し合いでは，多様な意見を出してくれました。特に学校生活での不公平や不平等について，熱く語ってくれました。発言しながら自分でも考えを深めていくことができました。不公平などを他者からの視点で考えたことで，議論が深まりました。

自分の考えをきちんともち，根拠を示しながら発言できます。教材中の「体育祭」についての場面では，勝利だけを追い求めてもすばらしい体育祭とはいえないという発言から，クラス全体の対話が活発になりました。

道徳ノート・ワークシートに注目した文例

主人公の部活動への情熱を考えた時には，その内容について主人公になりきってのたくさんの記述がありました。「部活動のメンバー全員にとって有意義でなければ，チームゲームとしての価値は低い」という記述は他者にも感銘を与え，全員が考えを深めました。

「校風」や「学校の伝統」について考えた授業では，それまでの他者の発言や議論した内容などをじっくりと聴き，自分の考えをワークシートいっぱいに記述しました。校風や伝統は多くの人が関わってできたこと，それを人間社会全体にまで広げて考えました。

人間社会における「きまり」について，とても深い考えを獲得したことが，ノートの記述からわかりました。「きまりは最初からあるのではなく，人と人がつきあっていくのに必要になったから」という考え方は，広い視野で物事を見ているからこそ得られるものです。

ワークシートの記述から，いつもよりよい学校生活について深く考えていることがわかります。教材中の主人公に深く共感し学校生活の在り方についての考えを深めることができました。

3章 「特別の教科 道徳」の通知表記入文例 NG文例付 ◆ 95

道徳性に係る成長の様子に注目した文例

自己評価等に注目した文例

修学旅行を扱った授業では，集団行動の時に重要なマナーについて的確に考えていたことが自己評価からわかりました。他の場面でもよりよい人間関係をつくることが，集団生活の向上につながるという考え方に気がつくことができました。

自己評価の内容から，学級のムードや校風などについての捉え方が深まったことがわかります。当初はみんなが生活しやすいのがよいという考え方でしたが，学習後は他者を尊重したり気配りをしたりすることの重要性に気づき，考え方が広がりました。

集団の調和を乱した主人公の振る舞いなどを巡って，議論が白熱したことが何度かありました。そのような時の自己評価の記述から，いつも他者の立場にも配慮していることがわかります。人間関係を広い視野で捉え，よりよい集団生活について深く考えています。

いじめを扱った授業では，傍観者の是非について意見が対立しました。「振り返り」には「傍観者もいじめた者と同じ」という記述がありました。集団生活での対人関係について，考えを深めていました。

学期間・学年間における成長に注目した文例

望ましい集団生活の在り方についての授業では，1学期に行った教材「吾一と京造」の授業の時には考えていなかった，グループ全体がよりよくなるためにはどうすればよいかということについて，考えることができました。

校歌を大きな声で歌うことの意義について，2年時は「生徒会のきまりだから」と考えていました。合唱曲「旅立ちの日に」についての授業を通して「歌声の響く校風をつくる」という考え方に至りました。よりよい校風づくりについて考え方が広がりました。

これまでの学校生活について，体験を振り返る授業をしました。入学当初は「友達をたくさんつくりたい」という記述であったのが，最近は「人に喜ばれることをしたい」という記述に変わっています。視点が客観的になり，多面的に考えるようになりました。

主人公の生き方を通して，学校生活をよりよくしていくことについて，具体的な行動の目標を立てました。この1年間で，より多様な考え方ができるようになりました。

NG文例と言い換えポイント

NG文例

　読み物教材の主人公に感化され，学級や学校の一員としての自覚が身についてきました。様々な集団の意義や，自分の役割と責任を自覚して，集団生活の充実に努めてきました。

　　この文例のNGポイントは，表現が抽象的すぎることです。「読み物教材の主人公に感化され，他者の考え方をきちんと理解してから，自分の考えを修正したり伝えたりすることの大切さに気づきました」のようにすれば，道徳科の評価といえるでしょう。

　道徳科授業での活発な話し合い活動のおかげで，謙虚でやさしい性格に，さらに磨きがかかりました。常に人の話をきちんと聞こうという姿勢が顕著です。集団生活を向上させるために，前向きな考え方で，積極的に意見を発表してくれました。

　　生徒の性格を評価したり，行動の様子を評価として記述したりしているところがNGです。「やさしい性格」がどのように作用したのか，「積極的に意見を発表」したのがどのような内面の変化によるものなのかの記述が必要です。「他者への配慮のある謙虚な発言によって，学校の伝統の大切さについての考え方を，学級全体で深めることができました」のようにすれば，本人の特質にふれつつ，道徳科の評価とすることができます。

　教材「吾一と京造」の授業では，主人公と先生とのラポールについて言及したことで，様々な登場人物の多様な気持ちが表出しました。

　　「ラポール」という，学校では信頼関係を意味する専門用語がNGです。また「言及」や「表出」などよりも，平易な言葉を用いる方がよいでしょう。「〜信頼関係についての発言は，〜表れました」の方が評価として望ましいです。

　よりよい校風についての話し合い活動では，きわめて積極的に意見を述べましたが，周囲を混乱させてしまいました。

　　否定的な記述はNGです。「多様な考え方や意見がとびかい，自校の校風について深く考えることができました」とすれば「混乱」をプラス面で表現できます。

（丸山　隆之）

3章　「特別の教科　道徳」の通知表記入文例　NG文例付　◆　97

C−(16)

郷土の伝統と文化の尊重，郷土を愛する態度

郷土の伝統と文化を大切にし，社会に尽くした先人や高齢者に尊敬の念を深め，地域社会の一員としての自覚をもって郷土を愛し，進んで郷土の発展に努めること。

内容項目の解説と授業のポイント

中学校の段階では自我の確立を意識するあまり，自分が自分だけで存在していると考えがちです。しかし，家族や社会に尽くした先人や高齢者などの先達によって自分が支えられて生きていることを自覚し，それらの人々への尊敬と感謝の気持ちを深めることはきわめて大切なことです。

地域社会では，そこに住む人々により，長い間維持されてきた習慣などの独自の行動様式や文化形式があります。郷土によって育まれてきた伝統と文化にふれ，体験することを通して，そのよさに気づき，郷土に対する誇りや愛着をもつとともに，郷土に対して主体的に関わろうとする心や態度が育まれます。また，社会に尽くした先人や高齢者などの先達のおかげで，今のこの暮らしを営むことができているのだと認識することにより，畏敬の念や感謝の気持ちを深め，今後は，自分たちの力で地域に住む人々と共に，地域社会をよりよいものに発展させていこうとする自覚をもつようになると考えられます。

「郷土の伝統と文化の尊重，郷土を愛する態度」を考える教材として，「提案します！　わたしの町のキャラクター」（『みんなで生き方を考える道徳』日本標準）があります。この教材では，日本各地のご当地キャラクターが紹介されています。ご当地キャラクターは，地域のPRのためにつくられており，様々な地域の特色が反映されています。熊本県のキャラクター「くまモン」は2011年の九州新幹線全線開業をきっかけに生まれ，熊本県のPR活動を行っています。また，宮城県気仙沼市では「海の子ホヤぼーや」，兵庫県姫路市では「しろまるひめ」というキャラクターがつくられています。どのキャラクターも地域が誇る特徴を有しています。そこで，それらのご当地キャラクターを参考にしながら，自分の暮らす校区，地域の特色，地域のよさを考えます。そして，その特徴をもつキャラクターをグループでつくりあげます。そのキャラクターの絵を用いて，地域の特色をプレゼンテーションし合います。

学習状況に注目した文例

授業中の発言・様子に注目した文例

　ゲストティーチャーとして招いた熊本県庁の方に，熊本をアピールしている「くまモン」の全国各地での活躍を語ってもらうことで，あらためて熊本の文化や伝統の大切さを理解し，これからは地域の伝統的な行事にも積極的に参加していきたいと発表しました。

　地域を流れる用水路を整備した郷土の先人たちの功績を知って，自分が生まれ育った郷土の伝統と文化に誇りをもつようになったと発言しました。また，郷土の伝統と文化を受け継いでいくために自分たちができることを班で話し合い，全体の場で発表しました。

　地域の高齢者について考えることで，毎朝，地域に立って小・中学生の登校を見守ってくださる高齢者に対し，今まで以上に感謝の心をもつようになったと発表しました。そして，年に2回行われる「地域に感謝活動」に参加して，自分も地域の発展に貢献したいと話しました。

　自分たちの住む地域の特徴を班学習で出し合いながら，地域のキャラクターをつくりました。水が豊か，緑が豊かである，有名な漫画家が生まれ育った地である等，地域を代表する特徴をもつキャラクターを絵に表すことができました。

道徳ノート・ワークシートに注目した文例

　自分が毎年参加している江津湖の花火大会には，湧き水をたたえる江津湖を誇りに思い，江津湖周辺の地域を活性化させたいと強く願う地域の方々の思いがあることに気づき，来年もぜひ続けて参加したいという思いが道徳ノートに綴られていました。

　自分たちの生まれ育った地域のよさを考え，話し合っていく中で，自分が地域社会の一員として生活していることを認識し，これまで自分が地域の方に見守られ，育てられてきたことに対する感謝の気持ちをワークシートに書いていました。

　郷土の発展のために尽くしてきた先人や高齢者の方の例をいくつかあげ，先人や高齢者を誇りに思いながら，郷土のキャラクターの絵に取り入れていました。また，郷土をよりよいものに発展させていこうとする意欲を感想として記述していました。

道徳性に係る成長の様子に注目した文例

自己評価等に注目した文例

　自分が生まれ育った地域のよさをたくさん発見し，自分の意見や友達の意見を重ね合わせて，自分たちのオリジナルのキャラクターをつくるとともに，キャラクターの名前も考えることができたとワークシートに評価していました。

　郷土のよさについて最初はなかなか思いつかなかったけれど，班学習で意見を出し合う中で，自分も郷土のよさを思いついて発表することができました。みんなに意見が認められてとてもうれしかったし，もっと考えてみたいと思うようになったと自己評価欄に書いていました。

　自己評価シートに，地域の特色を考えていくうちに，あらためてその大切さに気づいたので，これからさらに地域の特色を増やしながら，自分たちの力で地域を発展させたいという思いが生まれてきたと書いていました。

　全体交流の場で，郷土のよさについて自分が考えたことを発表することができました。また，学習の振り返りの場で，郷土のよさをアイテムとしたキャラクターをつくってみて，あらためて郷土のよさを誇りに思うようになったと発言していました。

学期間・学年間における成長に注目した文例

　1学期に学習した時は，郷土のよさを発見して，友達の意見も重ね合わせながら，郷土のよさをテーマとしたキャラクターをつくることができました。2学期には，郷土の特徴が，どのようにして郷土の発展につながっていくのかについて深く考えていました。

　学期が進むにつれて，道徳科の授業では，自分の考えをワークシートに書くだけでなく，クラス全員の前で意見を発表できるようになりました。地域の特色を出し合う学習では，郷土に対する認識を深めて，その発展に主体的に関わりたいという思いを発信していました。

　3学期になると，自分をしっかりと振り返って体験したことをワークシートに書くようになりました。郷土の特徴について班で話し合った時は，「総合的な学習の時間」で見学した「スイゼンジノリ」づくりを想起しながら，地域の特産物の発展について具体的に語っていました。

● NG文例と言い換えポイント

NG文例

　道徳科で地域のよさについて学んだことを生かして，総合的な学習の時間において，スイゼンジノリの調べ学習に意欲的に取り組みました。総合的な学習の時間の発表会では，全校生徒の前でスイゼンジノリをはじめとした郷土の特産物について紹介しました。

> 　この文例のNGポイントは，「総合的な学習の時間」のことを記述している部分です。道徳科の評価は，道徳科の授業における生徒の学習状況等を記述します。もちろん，道徳科の授業の中の自分を振り返る場面で，総合的な学習の時間で学んだことや体験したことを想起したり，関連づけたりして自分の体験を語ることは，道徳科における自己を見つめる学習と捉えることができます。

　郷土の特色について考え，班学習の中で意欲的に発言していました。学んだ内容にしっかりと自我関与しながらも，自分は転校してきたので，現在住んでいる地域を郷土と言ってよいものかと深く考えていました。

> 　この文例のNGポイントは，「自我関与しながら」の部分です。専門的な用語は，生徒や保護者にはわかりにくく，伝わりにくいものです。カタカナで表記されている用語もわかりにくいものが多いと思います。誰が読んでもわかる，理解できる言葉を使う必要があります。「自我関与しながら」は，「自分のことと照らし合わせながら」等に書き換えましょう。

　課題に対して積極的に取り組み，挙手をして発表をしました。班学習においてもリーダー的存在で，班員の意見を引き出し，まとめることができました。ワークシートには，授業で学んだことについての自分の考えをしっかりと記述していました。

> 　この文例のNGポイントは，全体の文章が，どの教科にもあてはまり，道徳科の授業のことを指しているのかがわからないところです。道徳科の授業における生徒の学習状況に注目したり，道徳性に係る成長の様子に注目したりして，道徳科の学習とわかるような記述に書き換えましょう。

（桃﨑　佐知子）

C−⒄

我が国の伝統と文化の尊重，国を愛する態度

> 優れた伝統の継承と新しい文化の創造に貢献するとともに，日本人としての自覚をもって国を愛し，国家及び社会の形成者として，その発展に努めること。

内容項目の解説と授業のポイント

　学習指導要領解説　特別の教科　道徳編には次のように示されています。「伝統の継承」とは，「我が国の長い歴史を通じて培われ，受け継がれてきた風俗，慣習，芸術などを大切にし，それらを次代に引き継いでいくこと」を意味します。「新しい文化の創造」とは，「これまで培われた伝統や文化を踏まえ，更に発展させ，時には他の文化も取り入れながら個性豊かな新しい文化を生み出すこと」を意味します。そのためには，「先人の残した有形無形の文化遺産の中に優れたものを見いだし，それを生み出した精神に学び，継承し発展させていくこと」が必要です。また，「国を愛し」とは，「歴史的・文化的な共同体としての我が国を愛し，国家及び社会の形成者として，その発展を願い，それに寄与しようとすることであり，そのような態度は心と一体として養われるものである」という趣旨です。「我が国の伝統と文化に対する関心や理解を深め，それを尊重し，継承・発展させる態度を育成するとともに，それらを育んできた我が国への親しみや愛着の情を深め，そこにしっかりと根を下ろし，他国と日本との関わりについて考え，日本人としての自覚をもって，新しい文化の創造と社会の発展に貢献し得る能力や態度が養われる必要」があります。「我が国の伝統と文化の尊重，国を愛する態度」を考える教材に「この人に学ぶ　column 人物探訪　西岡常一」（「私たちの道徳」文部科学省）があります。この「人物探訪」で宮大工である西岡常一棟梁は世界最古の木造建築物である法隆寺の昭和の大修理に関わった経験から「法隆寺の大修理というものは私を鍛え上げた先生です」と語っています。そこで生徒たちには西岡棟梁が法隆寺から何を学んだのかをじっくり時間をかけて考えさせます。また，「木を生かすには，自然を生かさねばならず，自然を生かすには自然の中で生きようとする人間の心がなくてはならない」という西岡棟梁の深い思いがつまった言葉について考えさせ，自然の偉大さを感じながら自然から多くのことを学び自然と共に生きてきた日本人の精神と伝統のすばらしさについてあらためて感じ取らせるようにします。

学習状況に注目した文例

授業中の発言・様子に注目した文例

教材「この人に学ぶ　column 人物探訪　西岡常一」の学習では，グループ活動や学級全体での話し合いを通して，1300年の時が経ってもその姿に乱れがない「檜」という木のすばらしさ，そしてその木を組み上げた人間の知恵と技術とそれを守り続けてきた宮大工のすばらしさについて深く考えていました。

教材「この人に学ぶ　column 人物探訪　西岡常一」の学習では，「saying　この人のひと言」にある岡倉天心の言葉に強く関心をもち，学級全体の話し合いの中で次のような意見を述べました。「彼（岡倉天心）の言う『未来の秘密』とは多くの先人が築きあげてきた伝統文化を大切に受け継いでいくとともに，それらをさらに発展させていこうという気持ちも同時に引き継いでいくということで，大切ではないか」

学級やグループでの話し合いでは，いつも積極的に発言しています。○○さんの考えは，友達が「我が国の伝統と文化」を深く考えるもととなりました。

道徳科の学習では，「我が国の伝統と文化」に対する自分とは異なった考え方や感じ方に出会い，その考え方や感じ方をしっかり受け止めながら，自分なりに納得できるものを深く考えることができました。

道徳ノート・ワークシートに注目した文例

教材「この人に学ぶ　column 人物探訪　西岡常一」の西岡棟梁の自然と共に生きてきて日本の伝統文化を愛し，それらを大切に継承していきたいという考え方と友達の発言内容にとても共感し，自分も西岡棟梁や友達が考えているように日本の伝統と文化を大切にしていきたいと道徳ノートに考えを丁寧にまとめていました。

「この人に学ぶ　column 人物探訪　西岡常一」を教材とした授業では，友達の意見を受け入れながら，我が国の伝統文化を大切にしてきた宮大工の努力を知る中で，尊敬の念や感謝の気持ちを深めていることがワークシートの内容からうかがえました。

「我が国の伝統と文化の尊重，国を愛する態度」の授業では，友達と意見交換をする中で，これからは自然と共に生きてきた日本人の心と日本の伝統文化を大切にしていきたいと道徳ノートに記述していました。

道徳性に係る成長の様子に注目した文例

自己評価等に注目した文例

「我が国の伝統と文化の尊重，国を愛する態度」の学習を通して，日本にはその地域独特の伝統や文化が存在し，それらは私たちの暮らしをより豊かにしていることを自分との関わりの中で深く考えることができ，これまで以上に日本の伝統文化に関心を抱くようになりました。

教材「この人に学ぶ　column 人物探訪　西岡常一」の学習では，日本の伝統文化を支え見守ってくれている人々がいることに深く感銘を受け，自分の住んでいる地域にもそういう人々がいることに思いをはせ，まずは自分にできることとして地域行事の参加などで，その思いに応えていきたいと考えていました。

「我が国の伝統と文化の尊重，国を愛する態度」の学習を振り返って，日本の伝統文化を大切に受け継いでいる人々がいることをあらためて知り，自分たちももっと日本の伝統文化に関心をもち，その伝統文化を大切にするとともに，それらをしっかり受け継いでいかなければいけないと深く考えていました。

「我が国の伝統と文化の尊重，国を愛する態度」の教材を通して，日本に対する認識を深め，自分もこれからは日本の伝統文化に関わる行事などに関心をもって積極的に関わっていきたいと考えていました。

学期間・学年間における成長に注目した文例

日本の伝統文化についての学習では，自分のこととして深く捉えて考えていました。この学習を通して，○○さんなりに自分の今後の生き方について何を大切にして生きていくべきかを考え始めています。

１学期は「我が国の伝統と文化の尊重，国を愛する態度」という日本の伝統文化の学習が印象深かったと話しています。このような道徳科の授業を通して数多くのことを深く学び，これからの自分の生き方について考えることができるようになってきています。

これまでの自分を振り返り，自分を深く見つめる姿が見られました。特に「日本の伝統文化」を扱った授業では，「自国に誇りと愛着をもち，人事にせずまずは積極的に関わろうとすることが何よりも大切ではないか」と深く考えていました。

❹ NG文例と言い換えポイント

NG文例

「我が国の伝統と文化の尊重，国を愛する態度」について考える学習を通して，○○さんの中に，日本の伝統や文化を尊重し心から日本を愛する道徳的な態度が育ってきました。

> この文例のNGポイントは，「○○さんの中に，……心から日本を愛する道徳的な態度が育ってきました」という部分です。指導者の意図的・計画的な指導により道徳的な態度が育っているかもしれませんが，道徳性はそう簡単に判断できるものではありません。ですから道徳性そのものを評価するような文は，慎まなければなりません。

先日，日本の伝統文化としても有名な「○○祭り」が○○さんの住んでいる町で盛大に行われました。そのお祭りに同じ学級の友達と一緒に参加し，一生懸命踊る○○さんの姿はとても輝いていました。これからも町のそして日本の伝統文化である行事に積極的に参加して素敵な姿を見せてください。

> この文例のNGポイントは，「お祭りに同じ学級の友達と一緒に参加し，一生懸命踊る○○さんの姿はとても輝いていました」という部分です。具体的な日常生活に関する取り組みは，総合所見等に書くべきで，道徳科の授業における評価ではありません。例えば，「日本の伝統文化に関する授業では，我が町の○○祭りに参加しての体験を踏まえながら，郷土のそして日本の伝統文化を守り継承していくことの大切さについて発言していました」というようなかたちであれば，道徳科の授業の評価といえるでしょう。

○○さんは授業中の発言はあまり多くはありませんが，特に「日本の伝統文化」に関する授業などは他の生徒よりもじっくり深く考えています。道徳ノートやワークシートなどを見ると，○○さんのその考えの深さがよく理解できます。

> この文例のNGポイントは，生徒のマイナス面や，他の生徒と比較するような記述となっているところです。道徳科の授業の評価では。マイナス面はいっさい書かないようにするとともに，あくまでも一人一人の生徒のよさを認め励ます勇気づけとなる個人内評価とします。

(根岸　久明)

【参考文献】『「私たちの道徳」完全活用ガイドブック　中学校編』柴原弘志編著（明治図書）

C — ⒅

国際理解，国際貢献

世界の中の日本人としての自覚をもち，他国を尊重し，国際的視野に立って，世界の平和と人類の発展に寄与すること。

内容項目の解説と授業のポイント

　学習指導要領解説　特別の教科　道徳編には次のように示されています。「将来の我が国を担う中学生には，日本のことだけを考えるのではなく，国際的視野に立ち，すなわち，広く世界の諸情勢に目を向けつつ，日本人としての自覚をしっかりもって国際理解に努めることが必要である。『他国を尊重』するとは，他の地域や国々はそれぞれの文化や伝統，歴史をもっており，地域や国々の在り方，あるいはそうした地域や国々がもっている理想等を，違いは違いとして理解し，それを尊重していくことを意味している。そのことを踏まえつつ，平和は，全ての国々の万人の心の内で模索すべき道徳的課題の一つであるということを理解する必要がある。日常生活の中で社会連帯の自覚に基づき，あらゆる時と場所において協働の場を実現していく努力こそ，平和で民主的な国家及び社会を実現する根本であり，国際的視野に立って世界の平和に貢献することにつながる。人間の存在や価値について理解を深め，よりよい社会が形成されるよう人類の発展に貢献する意欲を高めることが求められる。その際，持続可能な社会の形成という視点をもつとともに，国際協力や国際協調の面から考えることも大切である」

　「国際理解，国際貢献」を考える教材に，「海と空―樫野の人々―」（「私たちの道徳」文部科学省）があります。この教材では，イラン・イラク戦争のさなか，なぜ，トルコ政府が日本人救出のために危険を冒してまで飛行機を出してくれたのか，そのもととなるエルトゥールル号の遭難事故があったことが紹介されています。国際交流があまり盛んではなかった明治時代，樫野の人々は遭難事故に遭遇した異国の人々を「人間はみな同じ」という考えのもと懸命に救助しました。しかもその時自分たちが大切にしている衣食を惜しみなく提供し人命救助にあたったのです。この姿から「世界平和を支えるものは何か」をしっかり捉えさせたいと考えます。

106

学習状況に注目した文例

授業中の発言・様子に注目した文例

教材「海と空─樫野の人々─」の授業では、「国境や人種の違い、文化や習慣の違いを乗り越えた深い人間愛がなければ国同士が助け合うことはできない」という意見を積極的に発言していました。

「国際理解、国際貢献」の学習では、友達の意見を熱心に傾聴していました。そして、その友達の意見を参考に、自分なりの考えを再構成し、新たな価値観を自分の中に構築しようとする姿が見られました。

教材「海と空─樫野の人々─」の授業では、積極的に参加して次のようなことを発言しました。「約100年も前の遭難事故での樫野の人々の全力をあげての救助を忘れることなく、危険を冒してまで救援機を出して助けにきてくれたトルコの人たちの感謝の心に深く感動しました」

「国際理解、国際貢献」の学習では、自分と異なる友達の見方や考え方に真摯に向き合い、真剣に聴きいっていました。そして、その異なる見方や考え方をしっかりと理解し、自分の中にうまく取り入れていました。

道徳ノート・ワークシートに注目した文例

学級の友達の考えを聴く中で、「どの国の人々も同じ人間であると考え、国境を越えて人命救助にあたったことを、同じ日本人として誇りに思う」と道徳ノートに書いていました。

「国際理解、国際貢献」の授業では、自分とは異なる意見も認めながら「日本のことだけを考えるのではなく、広く世界の情勢に目を向けつつ、日本人としての誇りと自覚をもって世界の平和に貢献することが大切である」とワークシートに記述していました。

友達の意見も参考に取り入れながら次のように道徳ノートに書いていました。「他国の人々や文化を尊重し、世界の人々から信頼される人間となれるように努めることが大切である」

教材「この人に学ぶ　column 人物探訪　嘉納治五郎」の学習では、友達と意見交換をする中で、「世界における日本の果たすべき役割を意識して、積極的に関わろうとすることが何よりも大切なことであると思った」とワークシートに書いていました。

3章　「特別の教科　道徳」の通知表記入文例　NG文例付　◆　107

道徳性に係る成長の様子に注目した文例

自己評価等に注目した文例

　教材「海と空—樫野の人々—」の学習では，国境や人種の壁，文化や習慣，言葉の違いなどを乗り越えた深い人間愛がなければ国同士の助け合いなど成立しないことに気づくことができました。

　教材「この人に学ぶ　column 人物探訪　嘉納治五郎」の学習を振り返って，あらためて「人類の幸福は，国際的な視野に立って，国境を越えて共同して問題の解決に取り組んでいこうという姿勢なしには成り立たない」ということを深く考えていました。

　「国際理解，国際貢献」の教材を通して，どの国の人々も同じ人間であり，お互いに尊重し合い，差別や偏見をもたずに公正，公平に接するということが大切であること，そして，このことは日本人だけに求められることではないということに気づくことができました。

　「国際理解，国際貢献」の学習を通して，「世界平和と人類の発展に貢献するのだという理想を自分なりに抱き，その理想をただの理想に終わらせることなくその実現に努めることが大切である」ということについて深く考えていました。

学期間・学年間における成長に注目した文例

　1学期は「国により異なる食事のマナー」という教材が特に強く印象に残ったと話していました。この学習では，真の国際理解とは，他国の伝統文化，そして他国の人々の気持ちを理解，尊重することであるということについて深く考えることができました。

　2学期は，「海と空—樫野の人々—」という「国際理解，国際貢献」の教材の学習が印象深かったと書いています。このような道徳科の学習を通して，人として何を大切にして生きていくべきなのかということについて深く考えていました。

　3学期は「この人に学ぶ　column 人物探訪　嘉納治五郎」を教材とした授業が印象に残ったと話しています。3学期の道徳の授業を通して，物事を広い視野から捉えることができるようになってきているとともに，あらためて人間としての生き方について考え始めています。

NG文例と言い換えポイント

NG文例

「国際理解，国際貢献」について考える学習では，ペアトークやグループトークで友達と意見交換をする中で，日本のことだけを考えるのではなく，広く世界情勢に目を向けながら，日本人としての自覚をしっかりもつことができ，国際理解を図ることができました。

> この文例のNGポイントは，「日本人としての自覚をしっかりもつことができ，国際理解を図ることができました」という記述です。「学習指導要領解説　特別の教科　道徳編」の111ページの「評価の基本的態度」に「道徳性が養われたか否かは，容易に判断できるものではない」と記されていることからも上記の表記は適切であるとはいえません。

教材「海と空—樫野の人々—」の学習では，もし自分が樫野の住人だとしたら，当時の樫野の人々のように行動できただろうかということについてを自分事として考えることにより，○○さんなりに道徳的心情を育てることができました。

> この文例のNGポイントは，「道徳的心情を育てることができました」という部分です。評価文には生徒の人格的なことに関わる内容を安易に表記することは適切ではありません。また，この記述は道徳科の授業における学習状況の評価にはあたりません。

教材「この人に学ぶ　column 人物探訪　嘉納治五郎」の授業では，嘉納治五郎に自我関与しながら考え，道徳科の授業のねらいである道徳的価値の自覚を深めることができていました。

> この文例のNGポイントは，「自我関与」という専門用語が使われている部分です。また，同様の理由で「道徳的価値の自覚」という専門用語が使われている部分です。さらにここでは「道徳的価値の自覚が深めることができていました」と断定してしまっているところです。いずれにしても通知表は保護者に対してのものですが，生徒も見ますので，誰が読んでも理解できるような平易な言葉と，読んで前向きな気持ちになる文言を記述するように心がけることが大切です。

（根岸　久明）

【参考文献】『中学校　問題解決的な学習で創る道徳授業パーフェクトガイド』柳沼良太・丹羽紀一・加納一輝著（明治図書）
小野勇一「NG文例と改善の方向〜道徳科の学習の特質を踏まえて〜」『道徳教育』2018年7月号（明治図書）

D－⒆

生命の尊さ

生命の尊さについて，その連続性や有限性なども含めて理解し，かけがえのない生命を尊重すること。

🌑 内容項目の解説と授業のポイント

「生命の尊さ」は，小学校の内容項目と比較すると，中学校では生命が互いに呼応し合う喜びや，生命あるものを大切にすることから発展して「自尊感情を高めること」に通じる指導が指摘されています。生命が尊いものということは幼児期より教えられてきたことです。

そこで道徳科授業では，この内容項目の学習を通して，生命とは何か，生きるとは何かについてあらためて考え，生きることの喜び，生きることの尊さを考える時間とすると同時に，自分自身の日々の在り方を見つめることにつなげることが重要です。生きていることのありがたさに深く思いを寄せ，あらゆる生命の尊さにまで生徒の視野が広がることを目標にするとともに学習指導要領解説　特別の教科　道徳編の62ページの，中学生の体験の機会が少なくなっていることから，生命軽視の言葉や行動につながったり，いじめなどの問題に発展したりすることもあるという指摘を念頭に置いて指導しましょう。教師は内容項目について幅広く捉え，授業に生かすことが大切です。

現代の医学・科学の革新的な変化を考える時，生命に対するより深い倫理観をもって新しい情報や技術を捉えたり，疑問をもって考えたりする態度を養うことは，道徳科の内容から離れるものではありません。将来，「科学・医学技術に対して，道徳性に基づく判断や選択」を求められることもあるでしょう。自己や家族，生きとし生けるものの生命の尊さだけでなく，現代的な課題を取りあげることの必要性も生じており，そういった教材も増えており，21世紀を生きる生徒にとって，避けることができない課題となっています。

「生まれ出たこと」「自分らしく生きる」「今を精いっぱい生きる」「つながる命」「限りある命」「かけがえのない命」など多面的・多角的に生命について考える態度を身につけることは，やがて自己肯定感や自己有用感につながり，生涯を通して自他の生命を尊く思う心の基盤になるものです。

110

学習状況に注目した文例

授業中の発言・様子に注目した文例

　臓器移植に関わる新聞記事を題材とした生命の尊さの授業では，とても熱心に話し合いに取り組み充実した授業であったと思います。特に他の生徒の「家族が（移植を）必要なら迷う」という発言には感動と新しい発見があったと思います。自分のこととしてこれからも考えるべき課題であるということについても理解し，授業後に友達と話していた姿が印象的でした。

　生命の尊さの授業では，臓器移植をテーマにした教材から学びました。現代社会では臓器移植について，道徳的な課題としても考えておきたいことです。今は「臓器提供しない，また提供されなくてよい」という答えでした。まず自分なりに考え，しっかり判断することが，生命の尊さを考える第一歩です。

　友達の意見をしっかり聴き，自分の考えを積極的に述べようとします。生命の尊さの授業では「自分では提供したくても，家族が本当に嫌だったら，かなり迷います」という率直な意見から，しっかり自分のこととして考えていることが伝わりました。

道徳ノート・ワークシートに注目した文例

　生命の尊さの授業では，臓器移植をテーマにした教材から，道徳的な課題だけでなく，科学・医学の側面に興味をもち，とても意欲的に取り組みました。臓器提供については自分は「イエス」と答えてもその時家族はどう思うだろうか，家族で話し合っておくことも必要だと考えを深めた記述をし，大切な気づきがありました。

　臓器移植について，自分なりに調べたことがあるということで，みんなの意見を余裕をもって聞き，考えを深めていました。家族や親しい人で移植医療を望む人がいたら，適合するなら応援したいという思いから，元気でいるのが一番大切と書いてあり，すばらしい結論だと思いました。

　よく聴くという姿勢を崩さず，他の意見から学ぼうとする態度は立派です。また，聴くと同時に，自分なりの考えをきちんとまとめ，文章にしています。生命の尊さの授業では「自分は自分という考えではなく，たくさんの人と支え合って生きていると思う。感謝も大事！」という記述があり，感心しました。

3章　「特別の教科　道徳」の通知表記入文例　NG文例付　◆　111

道徳性に係る成長の様子に注目した文例

自己評価等に注目した文例

　心に残った言葉として「かけがえのない命」を指摘していました。この言葉は，言葉だけでなく今生きていることを大切にしてほしいという意味でもいつまでも大切にしてください。誰もが唯一の存在だときちんと理解できたことは，担任にとってもうれしいことでした。

　自分を見つめ，道徳科の生命の尊さの授業では，特に深く考えたという自己評価でした。「自分は大切にされてきたか考えたことがなかったけれど，これからは自分を大切にしたい」という記述にとても成長を感じました。自分を大切にする生き方をしていくという思いを忘れずに，がんばりましょう。

　「自分の命は大切，だから人の命はその何倍も大切にする」と３学期の生命の尊さの授業のワークシートに書いていました。誰もが自分の命を生きているという実感をつかめたのでしょう。生まれること，この学級で私たちが出会ったことも大切にしたいことです。道徳科での学習がこれからの生活の重要な基礎になります。次学期も主体的に考え，多くの発言を期待しています。

学期間・学年間における成長に注目した文例

　教材「あなたはすごい力で生まれてきた」を学習した後，祖父母や両親の誰と一番似ているか調べたと聞きました。自分が今あることの重みを感じてくれたと思います。また，東日本大震災を扱った時は，尊い生命が一瞬にして津波にのまれたことを自分のことのようにつらく感じ，また生きていることのありがたさを思う姿に成長を感じました。

　命が大切なのはわかっている，という１学期のつぶやきから，３学期には東日本大震災のエピソードから学び，生き残って生きる人のすごさを感じたという記述に変わりました。何となくではなく，自分で自分の命を生きるという発見があったことはすばらしいことだと思います。

　生命の尊さに関する授業では，他の授業以上に真剣に取り組み，「自分が勉強したり，部活をできたりするということは，もしかすると，誰かへの感謝になっているかもしれない」と１年間を振り返っての感想をまとめました。また，今学期を通して，道徳科ではとても深く考え自分なりの見方に立って他の意見も聞くという姿に，成長を感じました。

● NG文例と言い換えポイント

NG文例

　道徳科の授業では，東日本大震災の教材をもとに生命の尊さについて，自分なりの考えをもち，深めることができました。生活面ではいろいろな話をしてきましたが，**進路決定では自分の壁をやぶり，新しい進学先にも目を向けられた**ように，道徳での**発言にもたくましさが見えてきました**。今後もがんばってほしいと思います。

　　この文例のNGポイントは，2か所あります。
　　「進路決定では自分の壁をやぶり，新しい進学先にも目を向けられた」という部分については，道徳科の学習状況とは切り離すべき活動であるので，事実であってもここでは述べるべき内容ではありません。道徳科としてではなく，総合所見として記述すべき内容です。
　　「発言にもたくましさが見えてきました」という部分は，道徳科の目標や授業のねらいとは別の個人的な見解を含む発言です。授業での積極性や，異なる意見に耳を傾ける協調性・寛容な態度などを言葉で表すことが重要です。

　生命の尊さの授業では，臓器移植をテーマにした教材から道徳的な課題を学びました。話し合いに対して，とても意欲的に取り組み，生きていることに感謝したいと述べていました。臓器移植では自分は提供できるという結論を出し，周囲の人との意見の違いに納得できない場面も見られました。よく聴き，よく考え，判断するように努力しましょう。

　　この文例のNGポイントは，教師が何を評価しているか不明であることが最大の欠点です。
　　周囲の人との意見の違いに納得できない場面など，教師が生徒の行動を見ていることはわかります。しかし，教師がこの生徒のどういった成長を認めているのか不明なままです。また，最後の文章は指導になってしまいました。
　　例えば，「生きていることに感謝したい」という言葉から，この時間の学習への手ごたえや生命尊重の明確な思いが伝わるなど，一定の評価をしてほしいと思います。中学生なりの少ない体験の中から，生命の尊さについて学ぶのですから，小さなつぶやき，ちょっとした言葉に最大限の評価をしてください。
　　生徒に納得できない表情が見られたり，発言が途絶えたりした場面は，相手の考えとの違いは何かを追求しているとも受け取れます。納得できないままにしないことが大切です。授業での声かけや認めるという教師の視点を大切にしてください。

（賞雅　技子）

3章　「特別の教科　道徳」の通知表記入文例　NG文例付　◆　113

D −⑳

自然愛護

　自然の崇高さを知り，自然環境を大切にすることの意義を理解し，進んで自然の愛護に努めること。

🔴 内容項目の解説と授業のポイント

　自然は人間の力が及ばない存在です。自然というものに美しさや神秘さを感じ，その偉大な力に感謝し，恐れを抱くものです。また，自然との関わりの中で人間を捉えた時，人間の有限性をあらためて感じることができます。人間が謙虚に自然と向き合った時に，自然といかに共存していくかを考えることが大切な学習となります。そして，その思いを自然を保全していこうという態度を育むことにつなげていかなければなりません。

　地球上には数多くの美しい自然が残されています。生徒にとって目を見張るような景色や神秘的な現象もあります。授業では，自然の偉大さを感じることができるように，こうした自然の姿を生徒が感じることが必要です。

　自然には，人間が恐れを抱く側面もあります。巨大地震や津波，火山の噴火，大型台風など，様々な自然災害にも目を向けさせたいです。我々は自然からの恩恵を受け，生活しています。自然は時として我々に牙を向き，猛威をふるうことがあります。こうした災害の事実から，我々がどのように自然に寄り添い共存していくかを考えることが，これからの学習で大切になります。また，自然を敬う面と恐れる面の両面の学習を進めることにより，自然への畏敬の念を抱かせることにつながります。

　地球上には，数多くの美しい自然が存在します。その自然が我々人間の手で破壊されています。現在も地球規模での自然破壊が進み，地球温暖化による海面の上昇や気候の変化，森林の伐採などのため，いたるところで地球の本来の姿が変わってしまっています。こうした地球の姿に目を向け，我々がどのように自然と関わり共存すべきかを考えたいです。「共存」ということが一つのキーワードとなります。また，持続可能な開発のための教育（ESD）につながる学習となるように授業を構想することもできます。生徒自らが，どのように自然に関わっていくかをしっかりと考えることがポイントとなります。

114

学習状況に注目した文例

授業中の発言・様子に注目した文例

　グループでの意見交換を通して，森林の保護をどのように進めていくべきかという考えをまとめました。自分が気がつかなかった新しい考えから，自分が身近にできる森林保護についての考えを深めたことは，すばらしいと思います。

　授業では葛藤場面での判断を様々な角度から考えることができました。教材「○○○○」の授業では，周囲の意見を聞きながら自分の考えをよりよいものにしようと取り組みました。根拠を明らかにして真剣に自然との共存を考える姿に感心しました。

　地球温暖化について，具体的なイメージをもって考えをまとめることができました。具体的な例を数多く示した自然をいかに守っていくかという発言は，授業の中で大きな意味をもつものでした。自分の言葉で自然を守る必要性を説明できます。

　友達の意見と比較しながら自分の考えをまとめることができます。これからの地球の姿を考えた授業では，周囲の意見との相違を示しながら自分の意見を発表しました。人と自然の共存について，自分の考えをもつことができています。

道徳ノート・ワークシートに注目した文例

　友達の意見に耳を傾け，道徳ノートにメモをとりながら自分の考えをまとめていました。教材「○○○○」の授業では，環境をどのように保全したらよいかを，開発側の意見を考えながら自分の言葉でまとめることができました。

　美しい自然を残そうと活動する登場人物の苦労について道徳ノートに書き，自分自身を重ね合わせて考えることができました。自分の知らない人たちの力で，この地球が守られていることを知り，自分のできることから環境を大切にしていきたいという思いを深めました。

　ワークシートいっぱいに，いつも自分の考えをまとめています。特に教材「○○○○」の学習では，環境が破壊されている現状への驚きと反省の気持ちが，よくまとめられていました。自分自身ができることは何かを，常に自問自答している姿に感心します。

　地球に残された美しい自然に，私たちの住む地球のすばらしさを感じ，道徳ノートに地球に生まれた喜びをまとめることができました。

3章　「特別の教科　道徳」の通知表記入文例　NG文例付　◆　115

道徳性に係る成長の様子に注目した文例

自己評価等に注目した文例

　教材「○○○○」の学習では，自分自身のこれまでの生活を振り返りながら，自然破壊につながることはなかったのかを考え，見直していこうという気持ちをもちました。今学期，一番真剣に取り組んだ道徳の授業は，この授業だったようです。

　自然保護と開発のどちらを進めるかという難しい問題を，友達と意見を交わす中で，具体的な状況を想定しながら考えることができました。自分ができることは何か考えて，一生懸命自分の考えをまとめました。

　自分と違う意見にも耳を傾けて考えることができました。自然保護を考える葛藤の授業では，自分なりの解決方法をまとめることができたのは，みんなの意見をたくさん聞くことができたからだと考えています。

　自然保護に関わるゲストティーチャーの話から，今，社会で起きている環境破壊の問題をしっかりとイメージできたと感じています。

学期間・学年間における成長に注目した文例

　かけがえのない自然を守っていこうという気持ちが，学期が進むにつれて大きくなりました。自然が破壊されている問題を社会状況として理解し，自分たちが取り組めることはないかと考えることができました。

　今学期の振り返りで，今まで考えることのなかった自然や環境について考えるようになったと自分を振り返っています。立ち止まって自分を見つめることは大切なことです。大きな視野をもって物事を考えられるように，応援していきます。

　今まで身近に感じていなかった自然破壊というものを，今学期の学習では自分たちの問題として捉えることができました。授業での「この地球を美しいままで自分たちが残していきたい」という考えが，印象に残っています。

　道徳ノートの記述が増えてきました。地球温暖化を題材にした授業では，自分ができる温暖化対策をたくさん考えていました。友達の意見を取り入れて，新しい考えをつくり出しています。

● NG文例と言い換えポイント

NG文例

　美しい自然を残そうと活動する登場人物の苦労について，自分自身を重ね合わせて考えることができました。自分にできることから環境を大切にしていきたいという思いを深めました。環境係として植物の世話を一生懸命やってくれています。

　　この文例のNGポイントは，「環境係として植物の世話を一生懸命やってくれています」という部分です。係活動での取り組みは総合所見に書くべきで，道徳科の評価ではありません。環境係の経験を踏まえた生徒の発言等が道徳の授業の中であれば，それを捉えて記述できますが，係活動の姿としての記述は難しいと考えます。

　地球温暖化について，具体的なイメージをもって考えをまとめることができました。具体的な例を数多く示しての自然をいかに守っていくかという発言は，授業の中で大きな意味をもつものでした。自然愛護の気持ちが育っています。

　　この文例のNGポイントは，「自然愛護の気持ちが育っています」です。道徳性そのものを評価するような文は慎まなければなりません。自然愛護について捉えられる学習状況を具体的に記述しましょう。

　道徳ノートへの記述が増えてきました。森林破壊を題材にした授業では，自分が身近にできる対策をたくさん考えていました。道徳ノートへの記述は，学級で一番です。

　　この文例のNGポイントは，「道徳ノートへの記述は，学級で一番です」という部分です。他の生徒との比較はしてはいけません。生徒個人を評価しましょう。

　道徳ノートへの記述はあまり多くありませんが，地球温暖化を題材にした授業では，自分が身近にできる温暖化対策をたくさん考えることができました。

　　この文例のNGポイントは，「道徳ノートへの記述はあまり多くありませんが」という部分です。生徒のマイナス面ではなくプラス面を記述します。生徒を認め励ます評価となるように心がけましょう。

（笠井　善亮）

D−(21)

感動，畏敬の念

美しいものや気高いものに感動する心をもち，人間の力を超えたものに対する畏敬の念を深めること。

内容項目の解説と授業のポイント

「豊かさゆえの貧困」が進み，中学生の心は豊かにたくましく育っているとはいいがたい。思いやりや規範意識が育っておらず，畏れを知らず，横柄，不遜で，礼儀知らずな中学生は実に多い。それゆえ（中学生の実態から），本内容項目「感動，畏敬の念」に関する道徳授業は必要となります。力を入れて行う必要があります。教科になったから行うのではなく，現在の中学生に必要だから行うのです。

さて，本内容項目は，美しいものや崇高なもの，人間の力を超えたものに感動する心や畏敬の念をもつことに関わる内容項目ですが，実は，形骸化した戦後の道徳教育の中で，この項目に関する「よい授業」についての経験知をもっていない教師が多いという深刻な問題があります。

自然や芸術，人の生き方など，美しいものや気高いものにふれることによって，豊かな感受性が育っていきますが，まずは，そのための教材を開発していく必要があります。音楽科の鑑賞や合唱，合奏と関連させた教材，美術科の鑑賞や表現と関連させた教材，動物のぬくもりや感動的な自然現象などを体感しながら学べる教材，映像で人体や宇宙の神秘などを感動的に理解することができる教材，絵や写真などを通して，人の感情を読み取ったり，様々な道徳的事象や状況に気づいたりすることのできる教材，登場人物の生き方や生活などが豊かに想像でき，深く心に訴える感動的な教材，などを開発することがきわめて重要となります。

道徳性育成の基盤となるのは「道徳的諸価値の理解」です。しかし，私たちは，価値の定義それ自体に心惹かれることは，さほどありません。私たちが感動するのは，道徳的価値の定義ではなく，それを体現した先人・偉人の思想と生き方に対してです。それがフィクション（虚構）ではなく，ノンフィクションであれば，その感動はより大きく，心揺さぶられる度合いは増幅します。田中正造や新渡戸稲造などの品格のある気高い生き方に出会わせたいものです。

118

学習状況に注目した文例

授業中の発言・様子に注目した文例

「どうすべきか」という登場人物の葛藤を自分のこととして捉え，どのように判断すればよいのか真剣に考えました。そして，自分の考えの根拠を明確にして話すこともできました。

積極的に話し合いに参加し，自分の意見を言うことができました。また，自分の思いを発表するだけでなく，級友の考え方や感じ方にふれ，さらに学んだこと・考えたことを深めていこうとする姿がありました。

教材「二宮尊徳」などの人物学習に関心をもって意欲的に取り組みました。自分の体験をもとに考え，「今までは二宮尊徳といえば，勤勉・倹約・努力というイメージで捉えていたが，それだけではないのではないか」という問いを提起してくれたことで，学級全体の話し合いがたいへん深まりました。「二宮尊徳は，日本の生んだ最大の民主主義者」と評価されていることを様々な面から考え，追求することができました。

道徳ノート・ワークシートに注目した文例

教材の登場人物の「行くべきかどうか」と葛藤する思いについて，様々に意味づけながら考え，最後は，自分ならどうするかとワークシートに書き，自己の生き方を見つめることができていました。

自分の問題として主体的に考え，話し合うことができていました。自分と友達の考え方や感じ方の違いをワークシートに書き，価値観を広げたり深めたりすることもできていました。自分とは違う考えにふれる中で，多面的・多角的に物事を考える大切さに気づいていました。

話し合い活動を取り入れた授業においては，「人間は自然の中で生かされていること」や「生命のかけがえのなさや尊さ」についてノートに書き，素直に自分の考えを発表することができていました。また，級友の意見に熱心に耳を傾け，自分の意見との違いや級友の意見のよさを見つけて発表することができていました。

教材「田中正造」では，「田中正造は敗者か」という問いを巡って，自分の考えをワークシートに記し，それをもとに級友との対話を積極的に行いました。多面的・多角的な思考を経て，「正造の人生は，人のために尽くすことを追い求めた人生。敗者であるが，真の勝者である」と道徳ノートに記述していました。対話しながら探究する楽しさを実感できています。

3章　「特別の教科　道徳」の通知表記入文例　NG文例付　◆　119

● 道徳性に係る成長の様子に注目した文例

自己評価等に注目した文例

　登場人物が勇気をもって行動した時の気持ちなどを，自分の経験と重ねて考え，その思いを道徳ノートにしっかりまとめることができました。特に，教材「新渡戸稲造」の授業が印象に強く残ったようで，人間のもつ心の崇高さや偉大さに感動し，自分の可能性にひたむきに挑戦する新渡戸稲造の生き様に心打たれる姿が見られました。

　主人公の役を演じた授業においては，読み物教材の登場人物の気持ちに寄り添い，積極的に演じ，「品格のある気高い人間の生き方」や「有限な人間の力を超えたものを謙虚に受け止める生き方」を真剣に考えることができていました。

　教材「ガンジー」の学習では，「非暴力で植民地支配を抜け出すことができるか」について自分の意見を友達にしっかり伝えることができました。その後，「20世紀の奇跡」といわれているガンジーの生き様にふれ，新たな見方に気づき，これからの自分の生き方の参考にすることができました。

　教材「永井隆博士」の学習では，「永井博士が到達したもの」について深く考え，級友と対話し，自己の生き方・在り方を見つめることができました。「怨みあらば，これを許せ。己の如く人を愛せよ」という言葉が最も心に残ったと記していました。

学期間・学年間における成長に注目した文例

　教材の人物の生き方と自分の生き方を比較しながら，自分ももっとよくなりたいという思いを言葉で発表することができました。あこがれを抱くことができるようになりました。

　教材の中の問題場面では，主人公に共感しながらも，もし自分だったらどうするのか考え，人間としてのよりよい生き方について追求する前向きな姿勢が見られるようになりました。

　2学期は，教材「鑑真」の学習の中で，「12年にわたり，ようやく6回目で日本にくることができたのに，わずか2年で大僧都を解任された。この後どうするか」を自分事として考え，その後，鑑真の生き様に出会い，美しく気高く崇高な生き方に感動していました。教材「犬養毅」の学習では，問答無用（話し合うことを否定すること）の恐ろしさや話し合うことの大切さを映像を通して感じ取りました。また，「話せばわかる」と言った犬養毅の毅然とした態度を心に深く刻んでいました。

NG文例と言い換えポイント

NG文例

　登場人物の葛藤を自我関与して捉え，どのように判断すればよいのか真剣に考えました。自分の考えを，根拠を明確にして話すこともできました。

> 　この文例のNGポイントは，「自我関与して捉え」という部分です。生徒や保護者が読むのですから，「登場人物に自我関与し〜」などの専門的な用語を使った記述は控えましょう。「葛藤を自分のこととして捉え」など，誰が読んでもわかる平易な言葉で記述しましょう。

　人物の生き方について友達とそのよいところを話し合う中で，他の生徒に比べると発言は少ないですが，大切にしたいことやこれからの願いをもつことができました。

> 　この文例のNGポイントは，「他の生徒に比べると」と「発言は少ないですが」です。道徳科の評価は，生徒一人一人のがんばりを認め励ます個人内評価の考え方で行います。「他の子に比べ，発言は少ない」など，他と比較した否定的な記述はNGです。

　話し合ったことをもとに自分自身を見つめ直し，おそらくは，「こういう自分になりたい」という自分なりの理想や願いをもったであろうと考えられます。

> 　この文例のNGポイントは，「おそらくは」と「考えられます」です。安易な推測や予想による記述はしないことです。根拠のない推測による記述，「おそらく〜だと思います」「〜と考えられます」などは控えましょう。

　学習の1時間のテーマについて，自分の考えをもち，十分に友達と意見を交流することができました。そして，さらに考えを深め，自分ならどうしていくか堂々と発表することができました。課題は，「思いやり」についての考えを深めることです。

> 　この文例のNGポイントは，「課題は〜です」の部分です。道徳科の評価は，励ますため，その子の生き方を励ますための評価です。よさを引き出して励ます活動です。教師が，「あなたの課題はこれです！」と示すことではありません。また，「あなたの思いやりはこのレベルです」と客観的に評価する必要もありません。

（赤坂　雅裕）

D−⑵

よりよく生きる喜び

人間には自らの弱さや醜さを克服する強さや気高く生きようとする心があることを理解し，人間として生きることに喜びを見いだすこと。

● 内容項目の解説と授業のポイント

「よりよく生きる喜び」は，22項目の最後に示されている内容項目です。小学校では第5・6学年に同様の内容項目があります。小学校では「よりよく生きようとする人間の強さや気高さを理解し，人間として生きる喜びを感じること」とあります。中学生期は，心身ともに発達する中で，保護者や教師を疑いなく頼っていた時代から，友人関係に価値を見出すと同時に，複雑な人間関係があることを知る年齢にさしかかります。また，失敗や困難を体験することで理想を追い求めることの難しさに直面する時期にさしかかります。

しかし，中学生の段階は，自分なりの価値観を確立するにはまだ遠い時期です。学習指導要領解説　特別の教科　道徳編では，人間が自己の良心にしたがって生きるよさや強さとは何か理解し，考えを深めるとともに「弱さや醜さを克服する強さや気高さ」という言葉で，自分に恥じない，誇りある生き方，夢や希望をもち生きる喜びを学ぶことについて述べています。

「よりよく生きる喜び」を学ぶ教材として，「足袋の季節」（中江良夫作）があります。

「わたし」が犯す小さな罪について考えます。教材では，「足袋さえ買うことのできないわたし」は，もち売りの老婆が手渡した釣銭40銭をそのまま受け取ってしまいます。「わたし」は後に，郵便局員として得た給料で老婆への手土産もって小樽の街に戻りますが，すでに老婆は亡くなっています。自分の過ちについて許しを請うことができない状況，取り返しのつかない状況になって，あらためて人は深くそれを悔い，良心の呵責に打ちのめされます。

この内容項目では，人間としての生き方に深く迫り，一人一人の生徒が自分なりに誇りある生き方を目指すことの大切さを学びます。その判断を間違ったのはなぜだろう，何に流されてしまったのだろう，弱さや醜さを克服し人間として誇りある生き方を選ぶために，どう考え判断したらよいのだろう，と考え合います。気高く生きたいと思う道徳的心情を揺り動かし，人間として生きる手ごたえや喜びに迫ることが，この内容項目の到達点になります。

学習状況に注目した文例

授業中の発言・様子に注目した文例

発言ａ：もち売りのおばあさんは，わかっていて釣銭を渡したのではないだろうか。
　　　　「わたし」はその時すぐに，次の日でもいいので返せばよかった。
発言ｂ：甘えたのかもしれない。足袋を買いたいという誘惑に負けた。でもそれじゃダメ。
発言ｃ：おばあさんは思いやりから，釣銭を余分に渡した。

　釣銭を返さなかった「わたし」にも，ごまかしたことを謝る機会があったことを捉え，きちんと指摘していました。主人公の思いに立って，気づいたならば，正しい方へ行動を起こそうという強い思いが感じられました。(a)

　授業のはじめは「わたし」を客観的に捉え，甘えたという言葉を最初に発言しました。また，甘えという言葉の意味を自分なりに掘り下げての，「誘惑に負けた。でもそれじゃダメ」という発言は他の生徒にとって心に残るものとなりました。(b)

　思いやりから釣銭を余分に渡した，という発言から学級で様々な見方・考え方が発表されました。また，「やはり，おばあさんの思いやりだと思う。でもそれを感じたならもっとはやくお金を返せただろう」と○○君の発言への共感とともに意見を述べ，過ちをどう取り返すか考えを深めることができました。(c)

道徳ノート・ワークシートに注目した文例

　学級での様々な意見を聞いて，こういった場面では，やはり自分も同じことをするかもしれないと記述していました。しかし，結局お金をごまかした自分しか残らないことについて，良心についても述べて，思いを深め，その大切さを自分のこととして実感できました。

　誰もが陥りがちな過ちについて，あってはならないことだという力強い思いが伝わりました。少しだから，これくらいはいいだろうということではなく，少しでもよくないと感じた時にきちんと判断をしたいという意見にはとても感心しました。

　人間として恥ずかしいことはしたくない，という力強い言葉の記述がありました。自分の判断する正しさの基準が，「人間として」であるのはとてもすばらしいことです。教材「足袋の季節」の主人公や老婆についてきちんと考え，感じたことを大切にしてください。

3章 「特別の教科　道徳」の通知表記入文例　NG文例付 ◆ 123

道徳性に係る成長の様子に注目した文例

自己評価等に注目した文例

　教材「足袋の季節」の授業では，「良心の呵責」という言葉を勉強して，人間の心の奥底にある「良心」について考えを深めていました。とても勉強になったということで，道徳科での学びが○○さんの生活に生き，周囲の人にも伝えられる自分を目指してほしいと思います。

　教材「足袋の季節」のような場面は経験したことがないと主張していましたが，学級での話し合いでは積極的に意見を述べて，クラスメイトになぜそう思うのか，率直に聞いていました。道徳を通して新しく学ぶことが多いということですから，普段も他の人の声を聴き，道徳的価値について深めることを期待しています。

　教材「足袋の季節」の授業が印象に残った授業と話してくれました。自分には経験もなく，わからないとしても，十分に自分のこととして考え，話し合いを通して自分の考えを深めることができました。生活の様々な場面において，自分の良心について考えを深めることを期待しています。

学期間・学年間における成長に注目した文例

　道徳科の授業では，教材を通して，自分の生活や行動について主体的に振り返る場面がありました。それぞれの時間の授業の内容について，自分ならどうするか，どのように判断することがベストなのか，掘り下げて考える姿勢に成長を感じました。

　よりよく生きる喜びという道徳科の学習では，「よりよく」ということにもこだわりをもって，考えを深めることができました。学年の初めから変化したことは，他の人の意見に頼りきりにならず，自分はこう思う，こういうことがよいという意思表示をしようとする姿勢です。自分の思いや考えをもとうとする姿はとても立派でした。

　道徳ノートには，余白にも，友達の意見をたくさん記入してありました。マーカーで色づけした意見や言葉は心に響いた言葉だったのだと思います。特に教材「足袋の季節」の話し合いでは，様々な考え方があることに気づき，学びが多かったそうです。次の学期も，道徳科の授業で，道徳的価値の理解を深め，自分の視野を広げるように期待しています。

NG文例と言い換えポイント

NG文例

　教材「足袋の季節」の授業では，課題に対して自分のこととして考え，意見を述べることができました。**日常生活では，消極的だったり，否定的に物事を捉えたりすることが多いので，**教材や授業に対して，より積極的な発言をして，異なる考え方からも学びましょう。

> 　この文例のNGポイントは，「日常生活では，消極的だったり，否定的に物事を捉えたりすることが多い」という部分です。道徳科の学習状況ではなく，生活に関することであり，生徒の性格そのものを評価するような文は，慎まなければなりません。

　道徳科の授業は楽しいそうです。普段はあまり交流がないクラスメイトとも話せることを理由にしていました。特に教材「足袋の季節」を気に入ったようです。授業中はどちらかというと聞く側に徹することが多いのですが，人間としてよりよく生きるという意思をもち実際の生活に生かしてください。

> 　この文例のNGポイントは，教師として励ます，成長を認めるという思いが伝わらないことです。ほめる部分がまったくないという生徒はいないはずです。全体との比較や生徒自身による自己評価だけを記すことでは，道徳科の学習状況評価は十分とはいえません。
> 　道徳科の授業を楽しいと答えたことや教材「足袋の季節」が気に入ったことは，教師としてうれしいことです。例えば，そのことについて教師のうれしい気持ちを一言添えるとともに，次の学期もより楽しく授業に取り組もうなどと励ますことはできると思います。
> 　学びについては，「実際の生活に生かす」というような，行動を求めるような記述は通知表では避けてください。

　教材「足袋の季節」の授業では，グループワークで「わたし」の涙について興味深い意見交換をしました。発表で他の班の意見を真剣に聞けなかったことは残念です。釣銭をごまかす「わたし」も余分に渡すお婆さんもどちらも悪いということで，固定的になってしまいました。

> 　この文例で述べられていることは，授業中に教師が指導すべき事柄も多く，通知表に記述すべき内容ではありません。指導と評価は一体ですので，授業中のほめ言葉や助言，指導を大切にしてください。そのうえで，通知表で，励まし，成長を認める言葉をおくってください。

（賞雅　技子）

【執筆者紹介】（執筆順）

田沼　茂紀	國學院大學教授
富岡　　栄	麗澤大学大学院准教授
中山　芳明	京都府京都市立藤森中学校
大舘　昭彦	千葉県教育庁東葛飾教育事務所指導室長
吉田　　修	東京都府中市立府中第九中学校校長
桃﨑佐知子	熊本県熊本市立託麻中学校
丸山　隆之	新潟県燕市立燕中学校
赤坂　雅裕	文教大学教授
松野　卓郎	愛知県大口町立大口中学校
尾身　浩光	新潟大学教職大学院准教授
笠井　善亮	千葉県流山市立おおたかの森小学校校長
中野　真悟	愛知県刈谷市立日高小学校
根岸　久明	神奈川大学非常勤講師
賞雅　技子	実践女子大学講師

【編著者紹介】

田沼　茂紀（たぬま　しげき）

新潟県生まれ。上越教育大学大学院学校教育研究科修了。國學院大學人間開発学部初等教育学科教授。専攻は道徳教育学，教育カリキュラム論。川崎市公立学校教諭を経て高知大学教育学部助教授，同学部教授，同学部附属教育実践総合センター長。2009年より國學院大學人間開発学部教授。同学部長を経て現職。日本道徳教育学会理事，日本道徳教育方法学会理事，日本道徳教育学会神奈川支部長。

【主な単著】『表現構想論で展開する道徳授業』1994年，『子どもの価値意識を育む』1999年，『再考　田島体験学校』2002年（いずれも川崎教育文化研究所），『人間力を育む道徳教育の理論と方法』2011年，『豊かな学びを育む教育課程の理論と方法』2012年，『心の教育と特別活動』2013年，『道徳科で育む21世紀型道徳力』2016年，『未来を拓く力を育む特別活動』2018年，『学校教育学の理論と展開』2019年（いずれも北樹出版）。

【その他の編著】『やってみよう！新しい道徳授業』2014年（学研教育みらい），『「特別の教科　道徳」授業＆評価完全ガイド』2016年（明治図書），『小・中学校道徳科アクティブ・ラーニングの授業展開』2016年（東洋館出版社），『中学校道徳アクティブ・ラーニングに変える７つのアプローチ』2017年（明治図書），『道徳科授業のつくり方』2017年（東洋館出版社），小学校編・中学校編分冊『指導と評価の一体化を実現する道徳科カリキュラム・マネジメント』2017年（学事出版），小学校編・中学校編分冊『道徳科授業のネタ＆アイデア100』2018年（明治図書），小学校編・中学校編分冊『道徳科授業スタンダード』2019年（東洋館出版社），監修『個性ハッケン！50人が語る長所・短所（全５巻組）』2018年（ポプラ社）等多数。

『道徳教育』PLUS
中学校　「特別の教科　道徳」の通知表文例320
―NG文例ガイド付

| 2019年６月初版第１刷刊 | ©編著者 | 田　沼　茂　紀 |
| 2020年４月初版第５刷刊 | 発行者 | 藤　原　光　政 |

発行所　明治図書出版株式会社
http://www.meijitosho.co.jp
（企画）茅野　現　（校正）嵯峨裕子
〒114-0023　東京都北区滝野川7-46-1
振替00160-5-151318　電話03(5907)6701
ご注文窓口　電話03(5907)6668

＊検印省略　　　　　組版所　広研印刷株式会社

本書の無断コピーは，著作権・出版権にふれます。ご注意ください。

Printed in Japan　　　　　　ISBN978-4-18-296211-0
もれなくクーポンがもらえる！読者アンケートはこちらから
→

道徳の評価がすべてわかる1冊！記入文例付きでお届け

「特別の教科 道徳」
授業＆評価
完全ガイド
―通知表の記入文例付

田沼茂紀 編著

● B5判　● 144頁　● 本体2,300円＋税　● 図書番号 1991

道徳が教科となり「評価」が話題になっています。本書は、「そもそも子どもの心を評価してよいの？」という根本的な問題の解説から、定番教材を用いた授業と評価の実践アイデア、通知表等へ記入する際の文例までを取り上げた、まさにパーフェクトな道徳評価解説本です！

新学習指導要領のねらいを具体化するパーフェクトガイド

平成28年版
新学習指導要領の展開
特別の教科　道徳編

小学校　永田繁雄 編著
中学校　柴原弘志 編著

● A5判
● 208頁
● 本体1,900円＋税
● 小学校：図書番号2711
● 中学校：図書番号2731

新学習指導要領の内容に沿いながら、教科書や評価といった道徳改訂のキーポイントについて詳しく解説。また、内容項目ごとの指導ポイントや問題解決的な学習を生かした新たな授業プランも掲載。

明治図書　携帯・スマートフォンからは **明治図書ONLINE** へ　書籍の検索、注文ができます。▶▶▶

http://www.meijitosho.co.jp　＊併記4桁の図書番号（英数字）でHP、携帯での検索・注文が簡単に行えます。

〒114-0023　東京都北区滝野川7-46-1　ご注文窓口　TEL 03-5907-6668　FAX 050-3156-2790

＊価格は全て本体価表示です。